ハニオ日記

II

2018-2019

そして日々は続くのである。
どんな時も
この一瞬を精一杯生きるしかない。
なんでもない毎日が何より幸せ。
さあ深呼吸して、
今日も良い日でありましょう。
はじまり　はじまり　２０１８年。
どんなことが起こるのか。

ことしは戌年
雪に光が差してる…
雪、いつもありがとう。
今年もよろしくね。

2018/1/6 ユ

板谷由夏は
ヒバのスツールを使って
なにかをわたしに説明していたけど、
なんだっけ？
それにしても
久々に会えてうれしかったわ。
話すことがたくさんあって
時間が全然足りないね。

2018/1/7 ハ

あのさぁ
きのう、
ゆかちゃんきたでしょ。
ぼくは
はちみつ山になってたけど
こころのなかで
あいさつしたし、
さいごは、
触らせてあげた。
ぼくは、さいきん、すこし
ひとみしり、がなおってきてる。
ゆかちゃん
まえがみのびてたね

2018/1/12 ハ

さむいから
ぼくはおかーさんに
くっついてあげている。
ほんとはひとりで
かっこよく寝たいけど
おかーさんが冷えないように
くっついてあげている

2018/1/14 ハ

おかーさんがおはようと言った。
ふぁーびーは反抗期で
へんじをしない。
ぼくは
それはしかたないとおもっています。
ぼくのお水が乗ってる、まっとを
おかーさんは洗いたいらしいけど
ぼくは反対です。
せっかくのにおい付きだからです

ぼくはチェックしている。
ぼくの、におい付きの
まっとが
洗われてないかどうかを。
せっかくのにおい付きだから
洗われたくない。
おかーさんは
以前、
ぼくのよだれ付きのたおるも
洗ってしまったし
ほんとに困っている

かえれまてん
ていうおすしの番組をみました。
おかーさんはまちがいばかり。
ぼくなら

いちい　ささみ
にい　ささみちーず
さんい　あぶりささみ
よんい　ちゅーる
ごい　ちゅーるちーず
ろくい　おかか
なない　ぼーろ
はちい　びすけっと
きゅうい　よーぐると
じゅうい　びすけっとのかけら
これでぜんもんせいかいまちがいなし
でしたのに

2018/1/18 ハ

おはようございます。
きょうのよてい。

ひるね
ぼーるなげ
ごはん
ひるね
おやつ
おいかけっこ
ひるね
さらにひるね

にゃんこぷたーあそび
おやつ
ひるね
いぬくんれん
ゆきちゃんのけつくろい

ひるね
おやつ
ごはん
ひるね
びーじー
おやつ
たびちゃんのけつくろい
ひるね

※「BG~身辺警護人~」2018年1月~3月(第一章)までテレビ朝日系で放送されたテレビドラマシリーズ

2018/1/18 ハ

びーじーを
みました。
おかーさんが出ているからです。
おかーさんが
はらぐろかったので
とまどっています。
らいしゅうからは
いいこになりますように、
あいこちゃんが

2018/1/20 ハ

おかーさんおかえり。
きょうはびーじーだったの？
あのさぁ、
あいこちゃんてわるい子なの？
きょうはいいこだったの？
ぼくの目はごまかせないのよ

雪が降ると外に出たくなるのは
なぜなのか。
むやみに外出はしないようにと
言われても、行かねばならぬときもあり、
今日は大雪の中
片道三キロほどを徒歩で往復。
見慣れた街が
白く覆われて、ほんとうにきれいでした。
一度転びましたけど。

ハニオ雪だるま。
動物病院の先生作。
ひまなのか、先生。
ちなみに雪で誰もこなかったそうです。

2018/1/25 ハ

とっても寒くて
ぼくもたびちゃんも、
おかーさんにくっついて「だん」をとって
います。
きょうは、夜に
びーじーがあるので
おひるねを
すませておかなくてはなりません。
あいこちゃんがまた
感じ悪くしてないか
せせら笑ってないか、
ぼくがみはらないといけないからです

2018/1/25 ハ

びーじーをみました。
あいこちゃんは、
せせら笑ってはいませんでした。
ぼくが注意したからです。
でもまだ安心はできません。
目を光らせてみはりたいです。
さむいので、みんな、毛布をかぶって
ねてください

2018/1/30 ハ

ぼくのおうちに
新しいこが
きた。
まっくろでふわふわ、
しかもふたり。
スリッパなみのペア感を
かんじています。
ぼくとたびちゃんで
いろんなことをおしえるよてい

2018/2/1 ユ

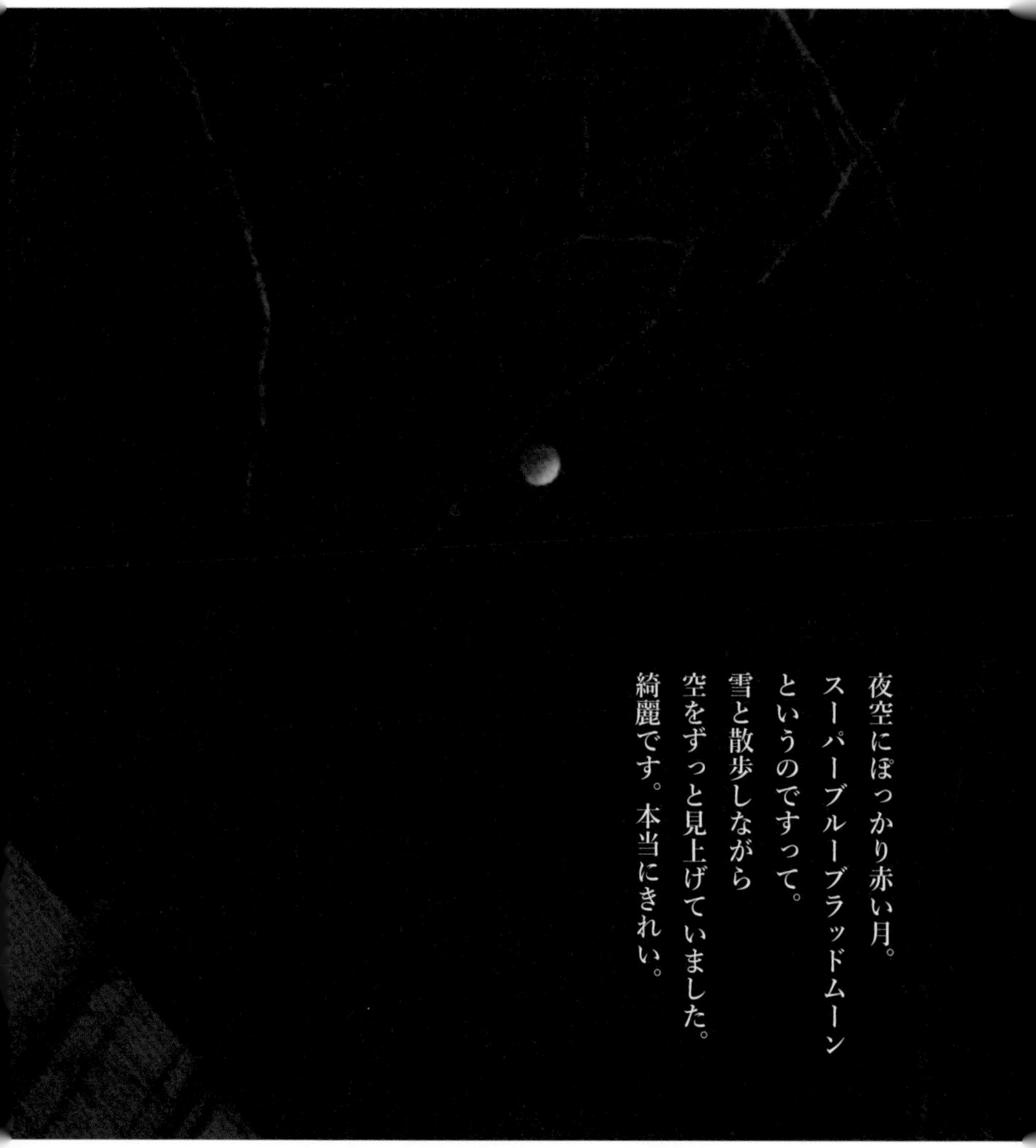

夜空にぽっかり赤い月。
スーパーブルーブラッドムーン
というのですって。
雪と散歩しながら
空をずっと見上げていました。
綺麗です。本当にきれい。

2018/2/1 ハ

きょうは、よる
びーじーがある。
あいこちゃんが
かんじ悪くないか、ぼくは
みはらなければならない。
おひるねを、すまさなくてはいけない。
こまめにおひるねを
して、夜にそなえます

2018/2/2 ハ

雪がふってる。
ゆきちゃんは、あおむけでねている。
じぶんのなまえと同じものが
空からふってくるっていうのはどういうきもちなんだろう。
はちみつバターパンが
ふってきますように。
きのうのあいこちゃんは、
またすこしほくそ笑んでいました。注意したいとおもいます

2018/2/6 ハ

たびちゃんは
はと胸だ。
ぺんぎんみたいに
しろいむねが前にでている。
鼻のふちどりも
たぶんすすんでないけど
少しすすんでるような
きがするとき もある。
ぼくたちはたいてい
いっしょにいます。
スリッパなみの
ペア感を
たいせつにしています

びーじーの日
ぼくは
高いところにのぼって
世の中を見ている。
おやつのゆくえ
ささみのふんいき
猫缶のなごり。
チュールの、よいん。
さまざまなおもいが
ぼくのむねのなかで
ひしめきあう。
あいこちゃんが
きょうは
いい子でいますように

2018/2/9 ハ

よこがお、には
ほんしつ、が
あらわれるときききました。
雪ちゃんのよこがお
ぼくのよこがお。
だまっていても
通じ合うのは
一年半一緒にくらしているからです

たびちゃんは
はとむね。
ぼくは
はとむねじゃない。でも
はとむねの練習を
かかさない。
こんなふうにしたら
はとむねにみえるでしょうか

2018/2/15 ハ

しあわせとは
雪ちゃんのあしのあいだで
ねむること。
しあわせとは
たびちゃんに
くびねっこをかまれずに
ねむること。
きょうはびーじーの日。
あきらさんの「かこ」と
あいこちゃんが
いいこでいるかを、厳しくチェックします。
おひるねは
多めにしておくよていです

2018/2/16 ユ

びーじーの
待ち時間。
控え室が素敵な
畳のお部屋であることをよいことに
わたしはごろんと仰向けになり
仮眠をとり
本を読む。
老眼鏡…いえ、
リーディンググラスは
板谷由夏のだんなさまが
かけていたのを
お願いしてゆずってもらった
大切な物です。
ひいこ先輩ありがとう。

おはようございます。
まだ
赤ちゃんライオンだったころの
ぼくです。
ぼくは、怒るとくちが
まあるく開きます。
おかーさんは
それを気に入っています。
たびちゃんはこのころから
ぼくより強いです。
なんとかしてほしいです

2018/2/22 ハ

たびちゃんがぼくをみてる。
たびちゃんは
きほんてきに、
きょりがちかい男だ。
いつもぼくのことを
まぢかで
じっとみてる。
べろべろなめられることもあれば
くびねっこに
とびかかってくることもある。
ぼくはあごに
にきびができてます。
たぶんこれは、
おもわれにきび。
たびちゃんのおもい、だとしたら
にがおもいです

2018/2/24 ユ

雪とハニタビ、はじめての出会い。

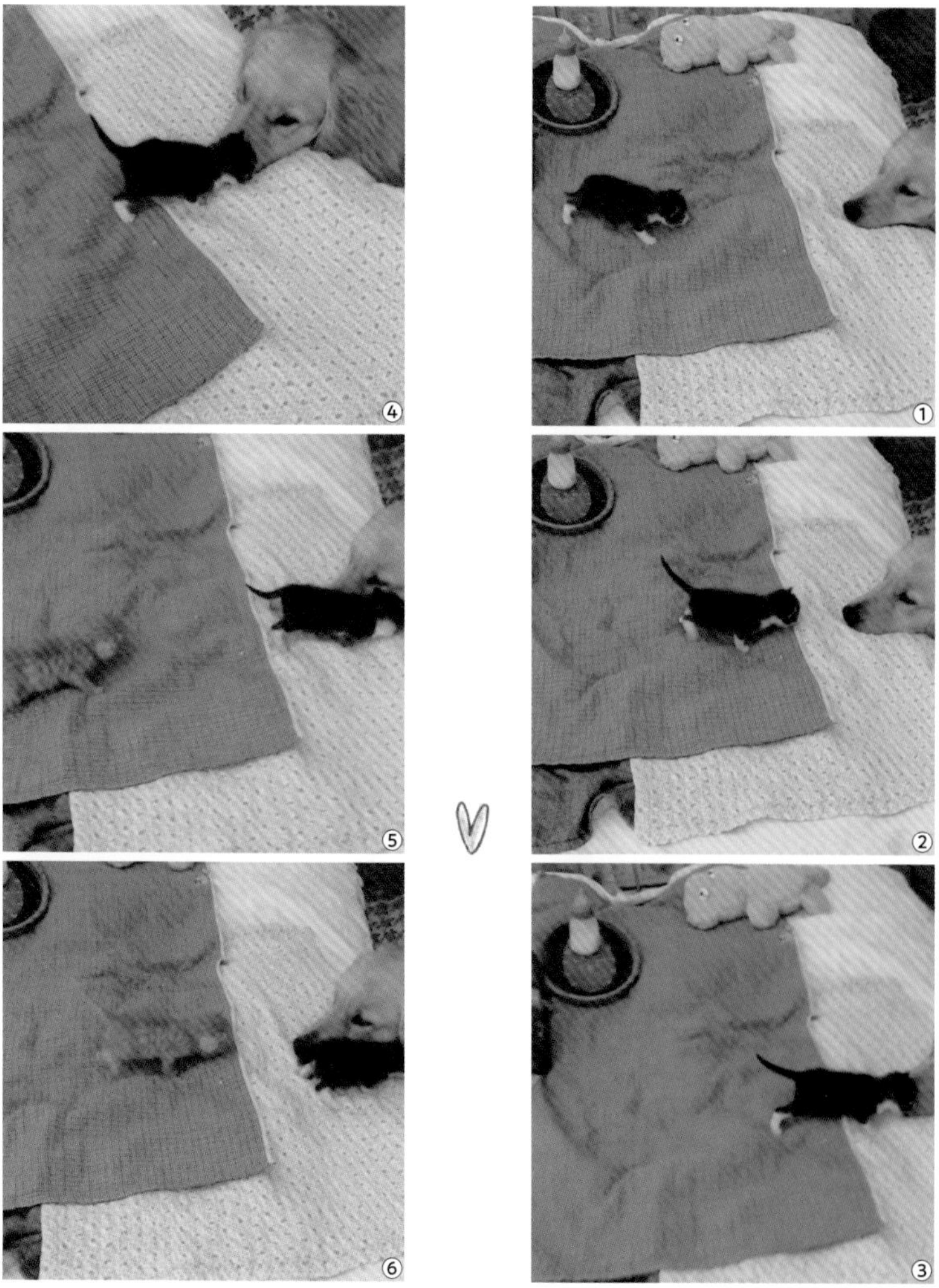
①
②
③
④
⑤
⑥

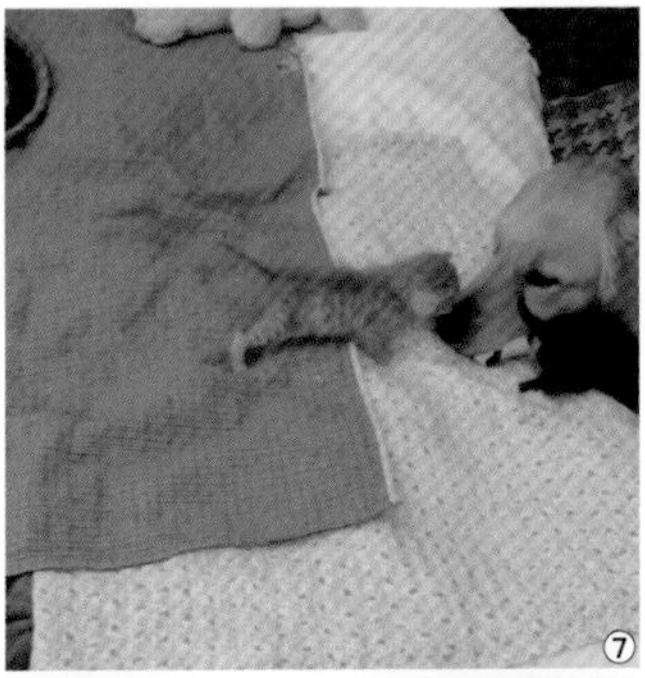
⑦

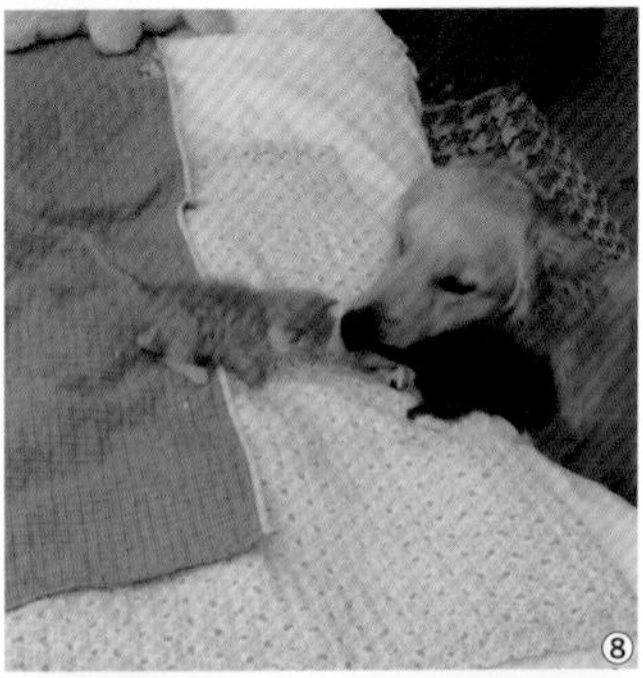
⑧

⑨

⑩

⑪

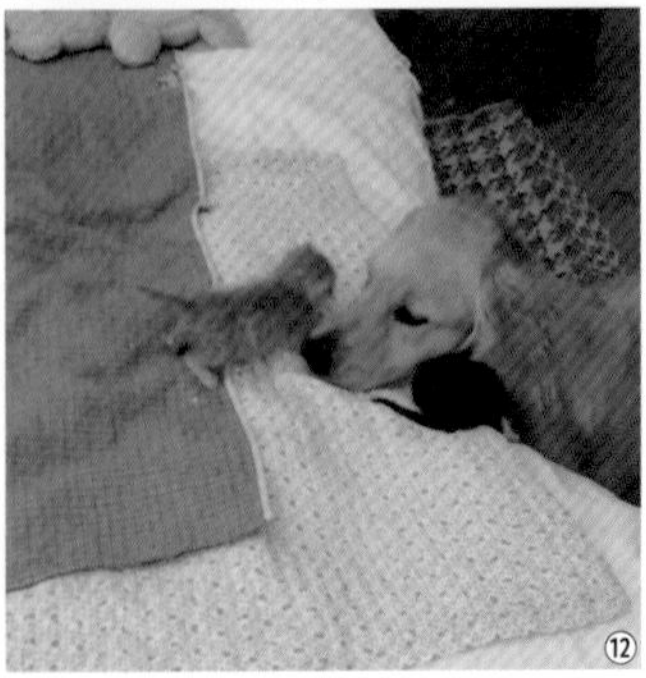
⑫

2018/2/28 ハ

さいきん
あまりあそんでいません。
いぬくんれんもしていません。
ぼーるなげは
少ししました。
おかーさんはいそがしくて
ばたばたしているのです。
たびちゃんは
さとりをひらいていますし、
ぼくはやさぐれています。
今日は夜
にゃんこぷたーあそびをする
やくそくをしました。
信じています

2018/3/1 ユ

本日の
べらんだあそび。
水とバケツにむちゅうな
おふたり。
今日はあたたかくて
わたしも、ノースリーブでした。
（家の中だけです）

2018 spring

絶句。
仕事から帰宅したら
こんなことになっていた。
スニーカー5足と手袋2組。
玄関とクローゼットから
運んで来たひとは…
どっちなんだろう。
共犯なのか。
それにしても、なんなの、これ!
フリマでもやろうとしてるのか。

2018/3/4 ユ

うーん
目を合わさないところが
あやしい。

2018/3/5 ユ

目を疑いました
きのう片付けたのに
朝起きたらまた
こうなっていたのです。
やはり
スニーカー5足
組み合わせがきのうと違います。
レイアウトも
きのうよりおしゃれです。
そして
はちみつ色のオトコは
どことなく自慢げにみえるのです。
そして、ほんとにびっくりするのは
これ、実は階段を1階分
運んでいるんです…。階段登って来てるんです。
スニーカーくわえて。

2018/3/5 ユ

今思えば
朝、やけに
ゴロゴロいいながら
わたしのベッドに上がってきて、
やたらしつこく
手をベロベロ舐めたり
体をすり寄せたり
くっついて寝たりしてきた
はちみつ色のシマシマのやつが
います。
なんかしつこいな
やたらごきげんだな
と思っていました。
あれはおそらく、
このオブジェ完成後に
わたしに知らせに来たのでしょう。
ぜったいそうだな…。

2018/3/9 ハ

きょうは
サンキューの日。
ぼくのことをうけとめてくれる
おふとんに
ありがとう。
ぼくのシマシマにありがとう。
ぼくのことを守ってくれるたびちゃんに
ありがとう。
やさしい雪ちゃんにありがとう。
ぼくのすてきなはちみつ色にありがとう。
おかーさんにもありがとう

2018/3/11 ハ

いぬくんれんをした。
なんかいも
くじらさんを
追いかけたけど
なんかうまくいかなかった。
ものごとには
きぶん、ってものがある。
ぼくは
ちゅーるか、
かっこいいおやつを食べないと
やる気が出ないたいぷです

2018/3/12 ユ

今朝の光景。
……
はちみつ色のひとがやはり
怪しいと思われ…。

2018/3/13 ユ

朝。…うーん。
これってやっぱり。
やっぱり…。

おはようございます。
朝日をあびて
はちみつ色に光り輝くぼく。
犬として生まれ
犬として生きる。
らいおんにも、かつては
憧れました。
さいきんは、
呼ばれたら、「わん」と
なくこともあります。
かぞくは
しろねこと、ごーるでんれとりばーと、
おかあさんです

2018/3/15 ハ

いぬとして
生活しはじめたのですが、
いぬは寒いなか
おさんぽもしなくてはいけないし、
ちゅーるもたべられないことを知りました。
ひとばんかんがえましたが
やはり
いぬをあきらめることにしました。
いぬくんれんはつづいているけど
ねことして、
らいおんとして
いぬくんれんをする方向で
いきていきます。
きょうは、夜
びーじーの最終回です
いまからたいりょくをおんぞんしています

2018/3/17 ハ

きのうのよる、のことだった。
たびちゃんとぼくは
おいかけっこをしていた。
たのしく、遊んでいたのに
こうふんしたたびちゃんが
ぼくのくびねっこに
飛びかかってきた。
なんかいもかまれた。
あそびのつもりだろうけど
ぼくのくびねっこは
たびちゃんが思うより
よわい。 やーんやーんと
なんかいも泣いた。
すごくいたくて、悲しかった。
朝になっても痛かった。
そしたらゆきちゃんが
ボールをもってきてくれた。

ゆきちゃん。
ぼくはぼーるより
ささみか
ちゅーるがすきです。
かっこいいおやつなら
なお、いいです

2018/3/17 ハ

ボールをおいて、
たびちゃんに
注意しにいった雪ちゃん。
でも
なんかあそんでるふうにしか
みえない。
もっとつよくちゅういしてほしいです

2018/3/19 ハ

ぼくは、はちみつ色だから
ハニオというなまえなんです。
たびちゃんは
白足袋はいてるから、たび。
とてもいいおなまえだと思うけど
さいきんは、
アキラっていうなまえは素敵だなと
おもっています。
びーじーのえいきょうかも
しれません。
ハニオをやめて
アキラにしようか
かんがえちうです

2018/3/20 ハ

ハニオってなまえが
みんないいっていうけど、
アキラっていうひびきを
あきらめきれないので
1日だけ
アキラになることにしました。
アキラなきぶんを
たんのうしてから
どうするか決めたいとおもいます。
アキラなら
たびちゃんに
勝つ予感しかありません

おさむうございます。
寒の戻り、というやつと
しりました。
「かん」とともに
ぼくも「ハニオ」に
戻りました。
アキラなじぶんは
こころのなかに、
「とっておき」な時のために
しまっておきます。
アキラありがとう

2018/3/23 ユ

もうこんな生活はいやだ、と
おもうことも
ないことはないです。
ここは満員電車の中なのか。
なぜこの、
おおきな、おはぎカラーの猫は
わたしをこうやって起こすのか。
クリームパン色の犬は
なぜこんなに密着型なのか。
そしてはちみつ色は
なぜ布団の中なのか。

2018/3/23 ユ

無言の朝…
ひさびさに、みた光景。
既視感ありあり。

2018/3/24 ハ

きのうは
ひかりんごおばちゃんと
「めい」のこが
2人きた。
たびちゃんは持ち前の
サービス精神をはっきし
おなかをみせたり
だっこしてもらったり
していた。
雪ちゃんももちまえの
フレンドリーさで
ひざに乗ったり
しゃしんをとったりしていた。
ぼくは心の中で
あいさつして、はちみつ山になることにせんねんしていた。

おかーさんがおふとんをめくって、「そっと見てね。」と
ぼくを紹介した。
ぼくは少し怖かったけど
せいいっぱい社交的な顔をして
こんにちは。と言った

2018/3/25 ユ

昨日の夜中
ふと起きたとき
見た光景。
ダンボールハウスに
……。
眠かったので
見なかったことにして
また寝ました。

2018/3/25 ユ

そのとき
すこし離れたところに
いたひと。
わたしも眠かったので
無言で通り過ぎました。

2018/3/27 ユ

どうでも良い話題ですみません。
今朝の作品と
近くにいたひとです。
ダンボールは小さいのが増えています。

2018/3/28 ユ

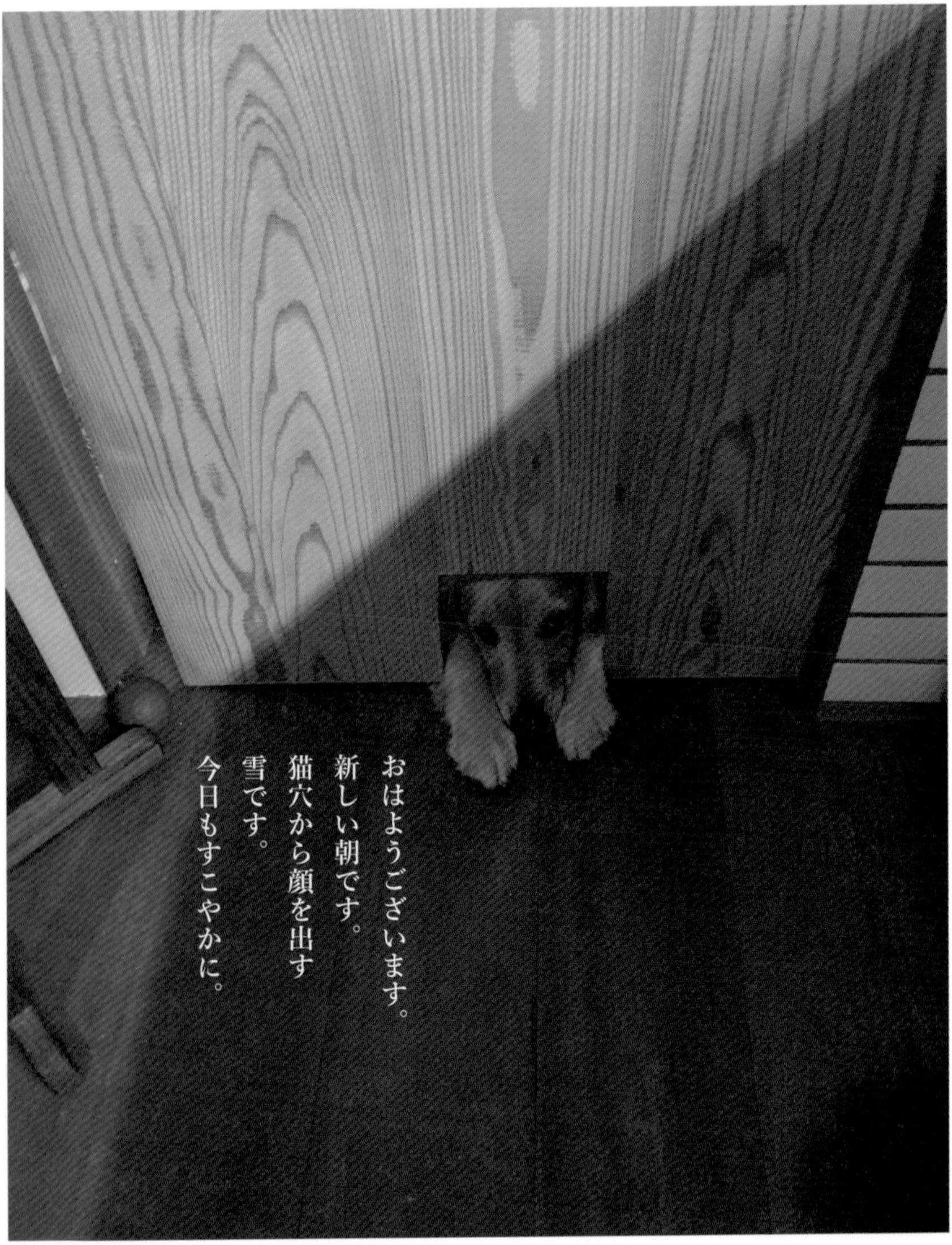

おはようございます。
新しい朝です。
猫穴から顔を出す
雪です。
今日もすこやかに。

2018/3/28 ユ

そしてしつこく
今朝の作品。
ダンボールは、部屋があまりに乱雑になるので
片付けました…。
靴も全部しまいましたが
今朝になったらまた、ブーツ。

2018/3/29 ハ

おかーさんが
夜中に
ぼくとたびちゃんの様子を
うかがっている。
くつを誰が持って来てるのか知りたいらしいけど。
ぼくがゴソゴソしてると
カメラをかまえて起きてくる。
よのなかそんなに甘くないのよ

2018/3/30 ハ

おかーさんは忙しい
このまえ、町で、
5歳くらいの女の子に
「はにたびのお母さん?」って
いわれたそうです。
なまえを覚えてもらえなくて
かわいそうなので
今日もぼーるなげと
いぬくんれんを
してあげたいです

2018/3/31 ハ

いいお天気なので
おかーさんが
ぬの、を干しました
ぼくも干しました
たびちゃんも干しました。
すさんだこころが
すこやかになった気がしました

2018/4/2 ハ

おかーさんが
ぼくたちを、「かんし」している。
見張りカメラ、をせっちしたみたいだ。
くつを運んでいるのが誰だかしりたいらしいけど。
ぼくたちを信用していないことが
わかりましたので
きずついています

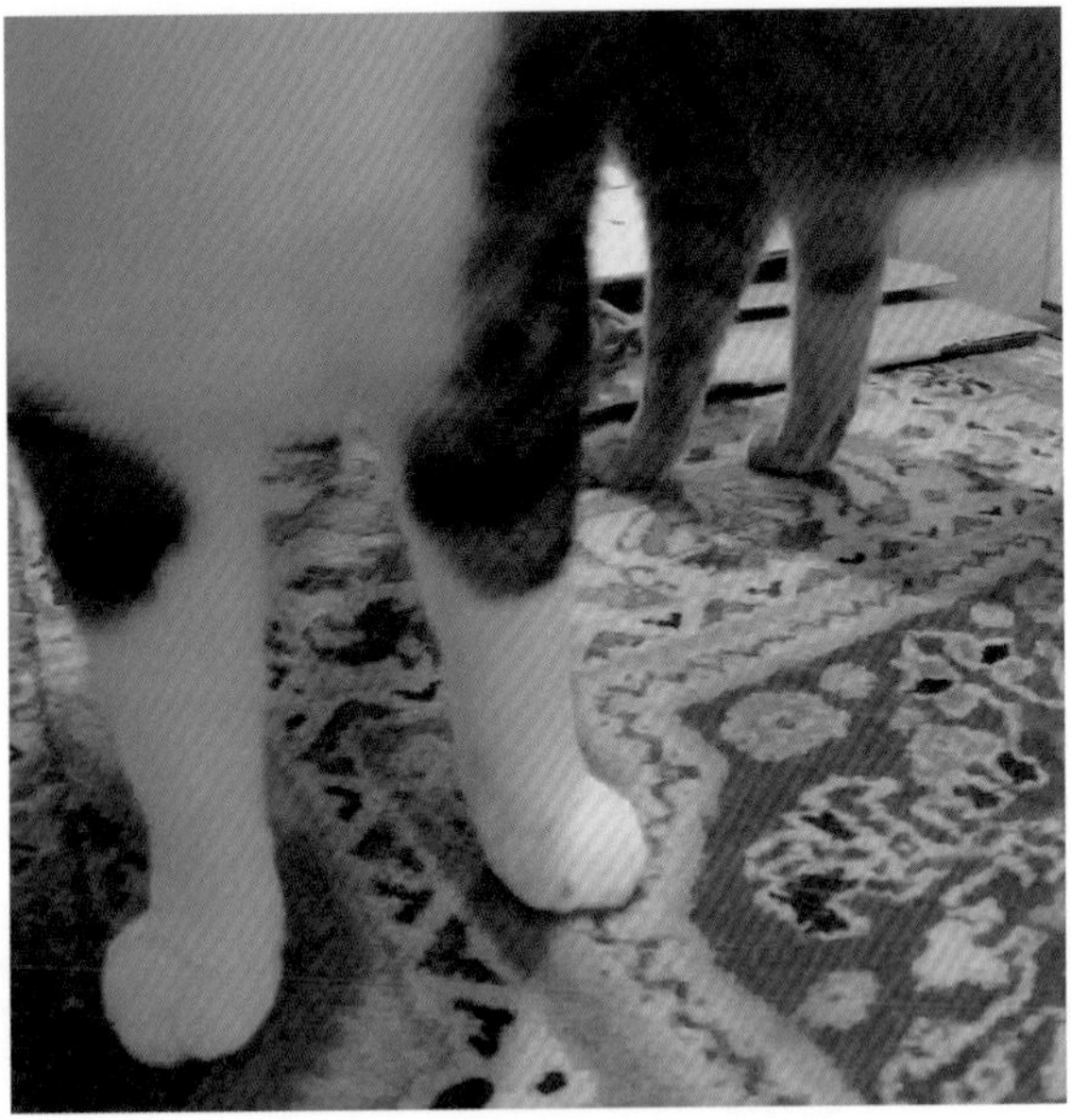

玄関前で
見張りカメラが撮った映像。
猫足バスタブみたいな白い足…
見知らぬものは、やはり
たびにーちゃんがチェックする。
弱い弟まもるため。

2018/4/3 ユ

おはようございます。
監視カメラからの映像です。
犯人、
カメラをつけたら
何もしなくなりました。
本来なら、
この映像の右奥にある
靴の棚から
スニーカーをくわえて
左側に消えていくはずなのです。
監視カメラって
あるだけで防犯になるという
ことが証明されるのだろうか。
いや、
絶対犯人は
尻尾を出すはずです。

昨日の夕方
犯人らしきひと、
監視カメラを凝視して
去っていきました。

2018/4/4 ハ

かんしかめら、が
ぼくを見張っている。
おかーさんは
ぼくを信じていない。
くつ、は
かってに上に歩いてきてるのに
ぼくとたびちゃんのしわざだと
思われてる。
ぼくはもう
家出を考えています

2018/4/3 ユ

監視カメラから
二人の様子を伺う。
見てます見てます
みてまーすっ‼
刑事の張り込みの気分です。

ぼくはかんがえた。
かんしかめら、は
なんとなく、悪い子じゃないきがする。
ぼくたちのおやつを
ほしがったりしないし、
ずっと同じところに
すわっているし
性格はわるくないとおもった。
たびちゃんもそういっている。
せいかくがわるいのは
おかーさんです

2018/4/4 ユ

実は今朝起きたとき…
この状態でした…
監視カメラ、24時間録画できるわけではなく、いわゆるペットの見守りカメラなので
現行犯の証拠しかつかめない。
やられた…
やはり犯人は真夜中に動く。

そして、わたしが
舞台を観終わり、食事をしている頃…
うちの監視カメラが捉えた映像。

2018/4/8 夕

はにちゃんは
少しばかなので、
おかーさんが干してる
おふとんにのっている。
あれはきっと
「てんか」をとった気分を
あじわってるとおもうけど
ぼくは
ばけつにかくれて、
はにちゃんから天下を
うばいとる寸前です。

2018/4/8 ユ

いつもいつも、
ほんとに
事あるごとに思うのは
人は一度にいろんなことは
できない、ということ。
洗濯だって
素材や色別に分けたり
干し方だってそれぞれ違う。
たたむ、吊るす、アイロンのあるなし
保管の仕方。
手際の悪いわたしには
なにをしていてもあっという間に
時間が過ぎていくように感じます。
でも、この時間の大切さも
感じるわけです。
便利な世の中になり
人は自分のキャパシティをこえたことが
できるつもりになってるけど
ぜったいそれは、
ちがうんだろうなあ…と
ぼんやり思う
お天気のいい日曜日。

2018/4/10 ハ

ぼくは
ちゅういぶかく、
まわりに、神経をはりめぐらしている。
さっき、がさがさする
こわいものに
絡みつかれた。
ぼくのあしにそれは
ひっかかって、
ぼくをまるのみにした。
ぼくは一目散に逃げたけど、
ガサガサするそいつは
どこまでもしつこくて、
おかーさんが追いかけてきて
その子を叱って、ぼくから
離すまで、
ぼくはずっと怖かったんだ。

いまは姿をくらましているけど
いつ、また
ぼくに襲いかかって来るかわからない。
ゆだんはできない。
そのこのなまえは
びにーるぶくろ
という

2018/4/11 ユ

きょうの空。
東京は風が強い。
スタジオの窓はガタガタ音をたてる。
日々、いろんなことがあるけれど
なにも考えずに
ぼーっとする時間が
人には、たぶん自分が思うよりずっと、必要なんですよ。
現代人
忙しすぎます。
私も然りです。

2018/4/14 ハ

ぼくは意外と手が長い
ついでに足も長い
かおもちいさいし
けっこうかっこいい。
せいかくもいい。
あとはたびちゃんに勝てば
ばらいろのじんせい。
おかーさんは
そんなにあまいもんじゃありませんと言う。
いじわるなおかーさんには
おやつはありません

2018/4/15 ユ

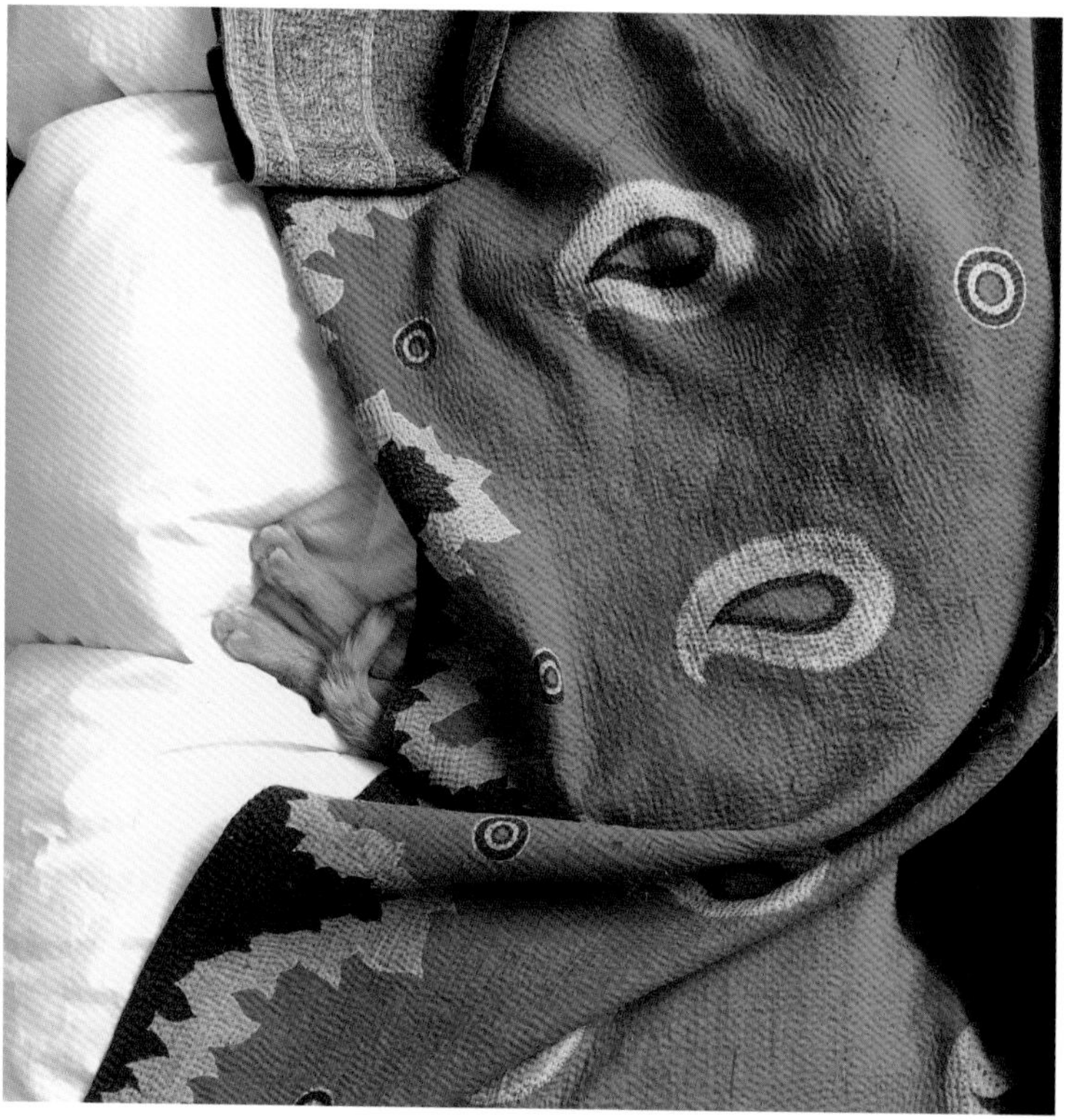

ハニオがいません。
どこを探してもいないんです。
おやつとちゅーるを
きのうあげなかったから
家出したのかもしれません。

2018/4/15 ユ

たまには人間を…
にんげん、ときどき
オトコマエに写ります。
自分としてはわりと
少年顔なのではと
おもっております。
どうでもいい話でした。
あしたもよい日でありますように。

2018/4/16 ユ

そして、今朝起きて最初に見た光景
その1。
やはり…。

今朝起きてはじめて見た風景
その2。
……。
容疑者Y…
いや、雪は階段を上り下りしないので
持ってこれないのです。
雪、困っています…。

2018/4/17 ユ

雪のどアップ。
親バカですけど
雪の顔ってほんとうに
可愛いと思うんです。
優しくて、世の中のもの全てが
だいすきな雪。
雪みたいに生きたいと
いつも思います。
今日は寒いです。
お体あたたかく。

2018/4/17 ハ

ゆきちゃんは
かおがかわいいと
いわれてる。
ぼくは
かっこいい
ぼくは最高
ぼくは
いいシマシマがでてるし
鼻もぴんくだ。
なんていったって
はちみつ色だし
ふたえまぶただ

雪ちゃんはすこし雨にぬれた。
耳と、あたまのうえが
ぬれた。
おかーさんが
たおるをまきつけました。
いつか、キッチンにきた
かみさまに似ています

2018/4/21 ユ

雪、
べたべたわたしにくっつきます。
雪の大きさ、重さ、
柔らかさ、鼻息
そしてそのしつこいほどの愛
ありがとう
ずっと元気でいてね、雪。
この写真を撮ってくれた佳苗さん
ありがとう。

換気のための細い窓。
ここを開けると
このふたりは窓辺を取り合う。
きょうはハニオの勝ち、でした。

2018/4/25 ユ

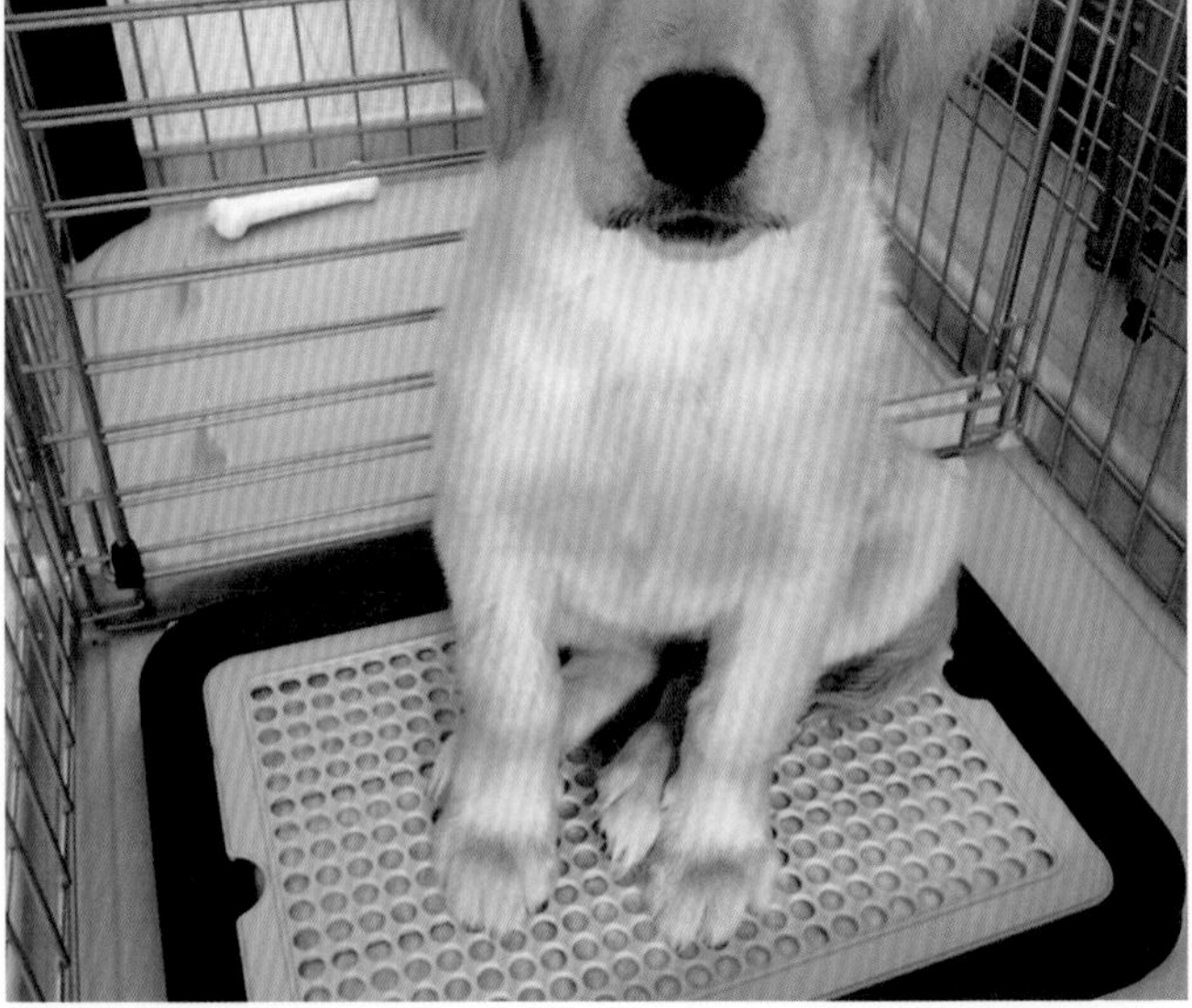

昔の写真を見ていたら
雪の仔犬時代に遭遇。
……
かわいい、という言葉は
彼らのためにあるのだと
実感。
うーっ、か、かわいい。

おかーさんに言われた
ハニ坊をとつぜん噛んだらいけませんと。
でも
ぼくに言わせれば
はにちゃんて
世渡りじょうず、だとおもうんだ。
ほんとはいばってるのに
はちみつ山になってるから
ちょっと出て行くだけで
喜ばれる
ぼくはいつもお客さんを
せったいしてるのに
あまりほめられない
そういうのが、
つもりつもって、
だから噛んでやった
本気じゃない。

それよりこのかみぶくろの持ち手を
切るのは、おかーさんのくせです
理由は
あぶないからです。

2018/4/27 ユ

チームはちみつ色。

2018/4/28 ハ

べらんだあそび。
ベッドカバーも、干してます
ゆきちゃんも
干してます
ぼくは
にくきゅうで
夏のかんしょくをたのしんでます

左がボールがなくて寂しい雪
そして
右が
ボールの写真を見せた後の雪です。
笑っております…
ボール命。
ボール、それは愛。

2018/4/30 ハ

ゴールデンうぃーくってなによ?
うちには
ごーるでんれとりばーの
雪ちゃんがいるし
ぼくもはちみつ色に
かがやいてるし
たびちゃんは
かがやいてないけど
おかーさんも
かがやいていません。
ふつうの日がつづいています

2018/5/1 ハ

きょうは、このうちで
お誕生日のひとがいるらしい。
2さい、ときいています。
2さいなんてまだこどもだし
一人前にはほどとおいので
ぼくが教育したいと思っています。
2さいくらいで
いばりちらかされたら
たまったもんじゃないからです

2018/5/1 夕

はにちゃんが言ってたけど
きょうは
このうちで、おたんじょうびのひとが
いるらしい。
2さいになったらしいのです。
2さいは、1さいより
なんさい年上なのか
わかりません。
たぶん5さいくらいは上かとおもいます。
2さい、かなりおとなです。

2018/5/1 ユ

板谷由夏ちゃんちの
次男坊(5歳)が
描いてくれた
ありがと〜〜!
ふちどりも描いてくれたのね。
ありがとう。

2018/5/1 ユ

つづいて、このかた。
はははにー
おめでとう、がないけど、
心のなかでいってくれてるんだよね…
ありがとう
ハニオも2歳をかみしめています。

2018/5/2 ユ

きのう、雪はお腹を壊して
ぴーぴーでした。
病院行って、注射して
お薬いただいて。
ぴーぴーですが元気だったので
シャンプーしていただいて
帰ってきました。
きょうはすっかりげんきです。
おかーさんは
安心しています。
東京、蒸し暑いいちにち。

長い留守番が続くと
ハニオは、しょっちゅう私のそばに
あたまをなでろ、
からだをごしごしさわれ、
と言いに来る。
その通りにしてあげると
満足そうに去って行く。
しかし10分後にはまた同じことを
繰り返す。

大丈夫だよ。
ここにいるよ。
いつもありがとね、
と心の中で話しかける。

こどもの日。
ぼくは
とても成長した。
すばらしい成長をみせた。
おきゃくさまのまえで
ごはんもたべてみせたし
みずものんでみせたし
だっこもさせてあげた。
けづくろいもみせたし、
箱座りもみせた。
おきゃくさまたちは
ごきげんでおうちに
おかえりになった。
ぼくは2歳になり
社交へのかいだんを
かけあがっています

2018/5/6 ハ

5月6日。
たいあんきちじつ(らしい)。
社交てきなぼくは
ごきげんで、ねている。
肉球は
パンの香り
社交てきになったから
みんなぼくをさわってもいいよ
ぼくは
たぶん 大丈夫
たぶん、はちみつ山になったりしない。
たぶんだけどね
たぶん、
もしかしたら、
いや、きっと、
そうねすこしだけ
ひとみしりだけど
どりょくしているからね

2018/5/7 夕

おとなのおとこは、
自分のことを「おれ」と
言うと知りました。「おれのゴールデンウィーク」
おれの
ごーるでんうぃーくは
風のように去っていった
たくさんのおきゃくさまに
対応してすこしおれは
つかれたので
おれはおれらしく
まどろんでいる。
おれっていいかんじ。

2018/5/7 ハ

たびちゃんが
じぶんのことを
「おれ」と言い始めた
ぼくはあんまり
おれって気分じゃないから
真似はしない
でもすこし
言ってみたい
このしゃしんは
おきゃくさまのまえに
でてきている、おれです。
おれのみみはイカの耳。
みんなおれを
なでてもいいぜ

肌寒い朝。
また新しいいちにちが、
はじまります。
今日も楽しく
笑顔で。

2018/5/9 ユ

わたしは見た
朝一番に見たのです
この光景を。
ありがとうハニオ(たぶん)。
おかーさんは
おかーさんらしく
がんばるよ。

2018/5/10 ユ

ハニオ…
昼間の雷が怖かったのか
様子がおかしい…
ビクビクして
固まってばかりで
ご飯も食べない。そして何故か
わたしを
和室に誘う…
仕方ないので
ついていくと
ゴロゴロと喉を鳴らして
スリスリしてくる。
そこにタビがくると、
あからさまに不機嫌な顔になる…

これはもしや…
おぱんつぬげおの頃
和室でわたしを独り占めして居たので…
そんなことってあるでしょうか。
とにかく和室にハニオと入って
カミナリさまについて
説明をし
話し合い
大丈夫だよ、と何度も言ったら
ハニオ、まだ考えています。
とにかく
ご飯を食べて欲しい。
カミナリの音などで
猫ってこんなふうになるものなのでしょうか。

2018/5/14 ハ

おかーさんは
ぼくのことを
はちみつ山にこもっている、というけど
こもってるんじゃなくて
ぼくは基本的に
おふとんのなかでお昼寝するのが
すきなんです。
礼子さんにだって、
こころのなかで
あいさつしたし、
礼子さんのことは
あかちゃんのときから知ってるし
ぜんぜんこわくなんかないし。
社交的なきぶんのときと
ちょっとひとりでいたいときと、
そういうきぶん、ってあるじゃん？
2さいになると
そんなかんじなのよ

あさから
ゆきちゃんは
おかーさんの手を
べろべろしている。
ぼくは
しっかりした大人で
2さいなので
クールに生きている。
べろべろ手をなめたりなんか、しない。
さらりとした猫になったんだ

2018/5/15 ハ

どこからみても
ぼくは
さらりとしている。
ゆきちゃんみたいに
手をべろべろしたり
おやつに
「いっきいちゆう」したり
しない

ゆきちゃんが
さっきからずっと下を見ている
ずっと見ている
青いボールを落としたらしい
ぼくにはどうすることもできない
かっこいいおやつを
くれるっていうんなら
さがしてあげてもいい

2018/5/16 ハ

おかーさんが
ぼくの、大嫌いな
そうじきをかけている。
ぼくはあの音がこわい。
ゆきちゃんも
わりとこわいみたいで
にげまわっている。
たびちゃんだけは
へいきなかおをしている。
ぼくの考えでは
そうじきは
三年に一回くらいの
かんじでかければいいと
おもっています

2018/5/18 ユ

おはようございます。
朝です。
夜明けの公園です。
鳥のさえずりと
新しい空。
深呼吸。
朝はいいなぁ。
空はいいなぁ。

2018/5/18 ユ

朝。

2018/5/24 ハ

ゆきちゃんのしっぽと
ぼくのはちみつ色は
ほとんど同じ色。
たびちゃんは
おはぎ色。
たびちゃんは
はと胸で
しろいところは
全然よごれない。
ベランダあそびの後も
まっしろ。
なにをしてもまっしろ。
こころのなかも
まっしろなのか
ぼくにはわかりません

台湾の台北市
松山空港にて。
じわっと湿気を含む
あたたかな空気。
あー、このかんじ！このかんじ。
中学生のとき三年間過ごした
台湾へ
二泊三日で行ってきました。
懐かしいこの匂い。
你好台湾。
好久不見！
（台湾こんにちは。久しぶり！）

2018/5/26 ユ

私は父の仕事の関係で
12歳から15歳まで
台北に住んでいました。
一番多感な思春期を
海外で過ごしたことは
視野を広げる意味でとっても素晴らしいことだった気がします。

ここは、その頃住んでいたマンション！
懐かしくて訪ねてみました。
うーん、懐かしい。

2018/5/26 ハ

ぼくたちは
すてきなおうちで
おるすばん。
礼子さんちで
おるすばんです。
れいこさんのおうちには
小さい頃からきてるので
ぜんぜんへいき。
ぼくはこの、しきものが
だいすきで
いつもこの上でごろごろしています。
はちみつ山用のおふとんも
じさんしたのですが
はちみつ山にはなっておらず
はちみつ広場になっています。
もうすぐおかーさんの家に
連れて帰られてしまいます

2018/5/26 ハ

おかーさんは
まだむかえにこない。
ぼくとたびちゃんは
夕ご飯もすみました。
おかーさんは
なんか、ばたばたしてるらしい。
ばたばたしてるって
便利なことばよね。
ばたばたしてるっていえば
ゆるされるとおもってるのは
よくないとおもうのよ

2018/5/27 ハ

にちじょうってのは
たいくつなものなのね
あのすてきな、
ぼくたちのにおいつきの
しきものが
なつかしい。
しきものにも
いろいろあるけど、
肉球との相性ってのが
あるわけよ。
さらっとしてて
ざらっとしてて
ほっこり幸せな気持ちに
なるやつが
すきなのよ。
きょうはいちにち
おふとんのなかですごします。
おかーさんの家に
つれてかえってこられて
しまったからです

台北の朝市。
台湾では、何を食べても
本当に美味しい。
不思議なくらい、食材そのものの
味が濃くて、深い。
朝市で見る野菜たちからも
パワーを感じます。
そしてもう、本当に、安い。
ライチを1束100元(およそ400円)
で買いました。
夜、部屋で食べるのです。

50
50

黑芝麻酥餅
蜜糖酥餅
高麗菜肉包
韭菜包

南投信義 有機 珍珠小蕃茄
皮薄多汁
神農獎第一名 玉女蕃茄
有機 薄皮超甜
一斤 280 150

2018/5/28 ハ

新しいなかまを
しょうかいします。
台湾からいらした
おやかんさまです。
すてきなそんざいかん。
注ぎ口はほそめです。
この家のルールを
ぼくが、おしえます。
いぬくんれんも見せたいです

2018/5/30 ユ

おはようございます。
課題の多い部屋から、
朝のご挨拶です。
ちなみに
後ろにある木の引き戸を留めてる
白い留め具は
ハニオが勝手にドアを開けて
その先にある
クローゼットで
遊びたがるので
苦渋の留め具です。
はー、すてきな留め具を
買いに行きたい
明日行きたい。
いくぞ！　留め具買いに。
そんなわけで
きょうも楽しく参りましょう。

2018/5/30 ユ

人の気持ちって
ほんと、難しいのか
単純なのかわかりません。
良かれ、とおもってしたことが
なかなかうまく
解釈されなかったり
またその逆も然り。
そんなときは
一番大切なことはなんなのか、を
思い出そうとおもいます。
雪の顔を見てると
何が大事なのか
すーっと、わかる気がする。

あおいしきもの。
さらっとして
ざらっとして
肉球とのあいしょう、が
さいこう。
このしきものがない
おかーさんのうちでの生活は
しゅぎょうのようです。
れいこさんそのしきものは
あらわないで。
ぼくとたびちゃんの
においつきです。
またいくから、おねがいします

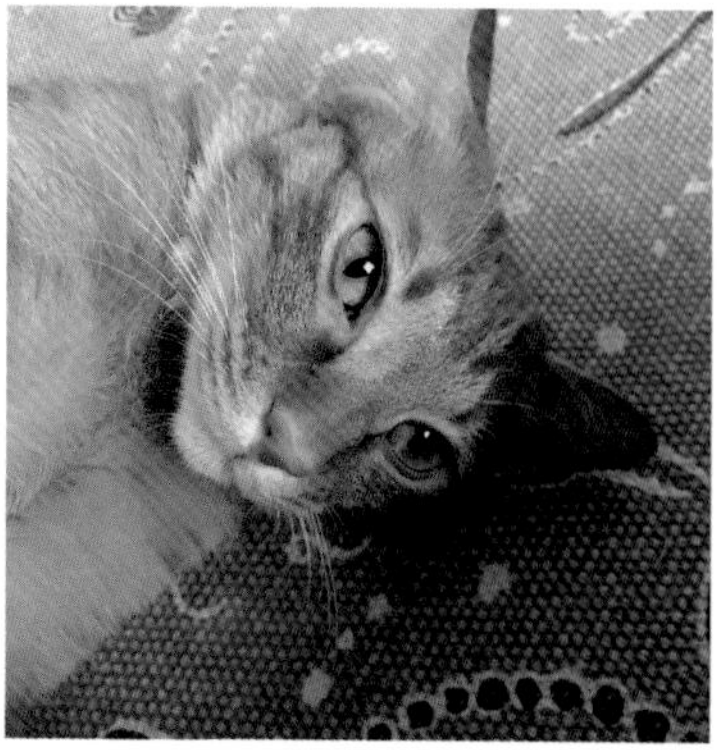

2018 summer

2018/6/2 ハ

おかーさん、
なんか、みたことない子
きてるけど、
なんか、
しっぽ立ってるけど
帰ってもらったほうが
よくない？
なにもいわずに うちに
はいってきてるのよ

越智香住さんの作品

越智香住さんの作品

おかーさん
たいへんです
もう一匹きてます。
きんちょうしてるのか
石のように固まって
だまっています。
なにか
こころがやすらぐ
おいしいおやつを
あげたらどうかと
おもいます

ぼくは、けさ、
かくれんぼをしていた。
ぼくだけの場所にかくれて、
じっとしていた。
おかーさんが
ぼくを探していた。
おおごえでよんでいた。
でも出て行かなかった。
そのうちおかーさんは
なみだごえになってきた。
でも出て行かなかった。
はにぼう、はにぼう、と
おおごえでよんでいる。

ごはんのうつわを、
カンカン、とたたく音がしたので
かいだんをあがっていったら
おかーさんがぼくをみて、
ぎゅーっとだきしめて、
よかった――
いた――!!といった。
ぼくがどこかへ
いえでしたとおもったらしい。
はにぼう、
どこへもいかないでね
そばにいてね、と
いわれた

おはようございます。
チームはちみつ。
ツチノコ風の奥のひとは
かくれんぼ禁止令がおりたので
ふてくされながらも
そばにいてくれています。

2018/6/11 ハ

あめです。
雨がふってます。
きょうは
ごはんも食べたし
和室でもあそびました。
もうそろそろねます。
おかーさんのおみやげは
これでした。
ウサギになれるぼうし。
ちょっとすてきかな、と
思っていますが、
すぐに取られてしまいました。
返して欲しいです

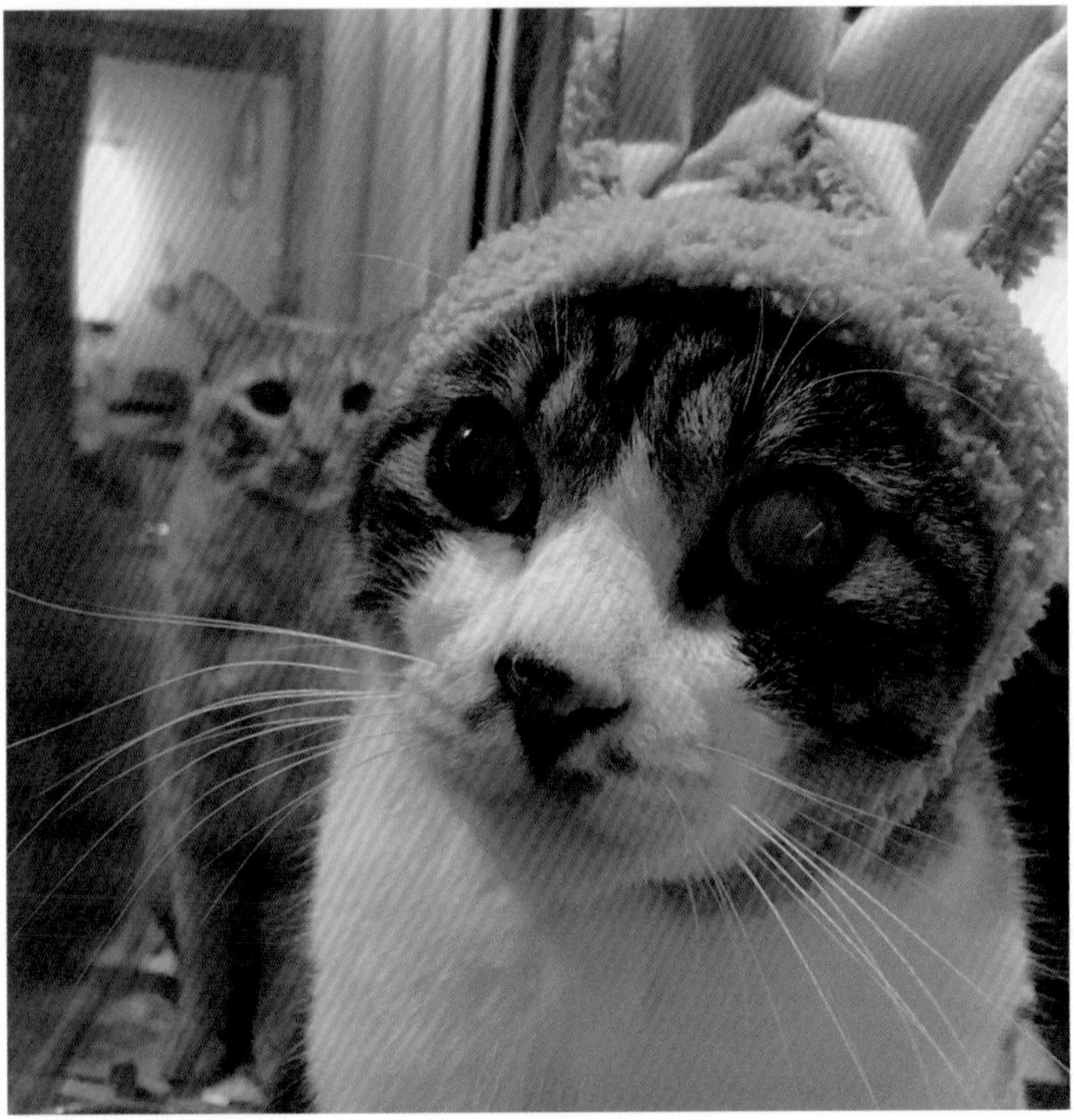

……。
無言。
割と嫌がらない。
すぐ取りましたのでご心配なく。

2018/6/22 ユ

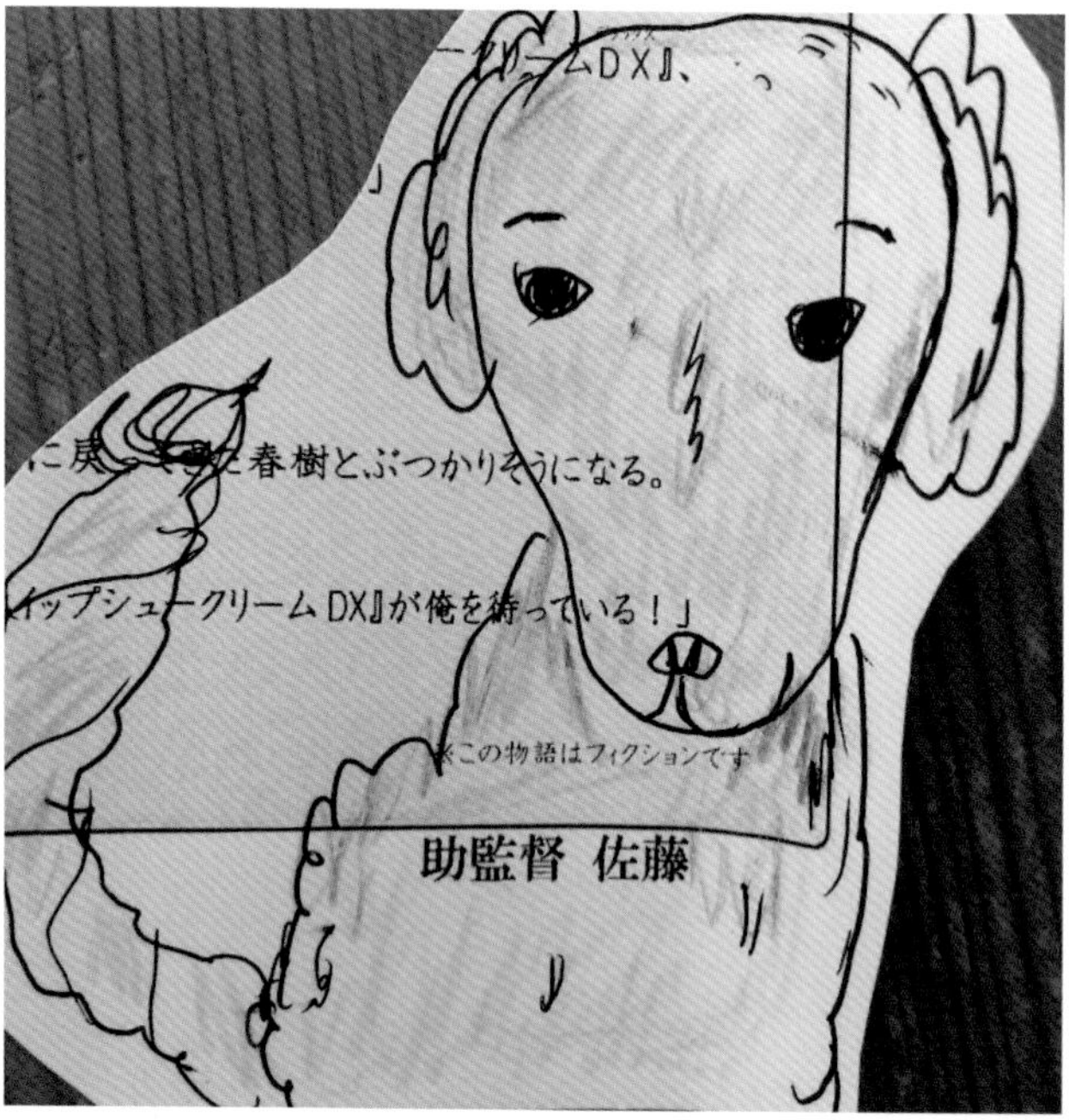

いたずら描き程度の絵ですが
わたしはしょっちゅう、絵を描きます。
色鉛筆も持ち歩くので
色も塗ります。
ふふふ。

2018/6/23 ユ

雨の土曜日の
チームはちみつ。
今日は図らずも
すてきなおうちを二軒も
見学してしまった。
家は、住まい方は
ひとをあらわす。
丁寧に、自分らしく
暮らそう。
改めて思った
土曜日の午後でした。

2018/6/24 ハ

すてきなまえあしの
おりたたみかたを
おしえます。
まず
ちゅーるのことを考えながら
ゆっくり座って
目は半分、あけます。
つぎに
まえあしをふたつおりにするのですが、
肉球をすこしみせるのが
おしゃれです。
しっぽは
そっと体にそわせます。
こころのなかで
れいぞうこのなかにある
チーズのかけらのことを
かんがえながら
めいそうします。
ぜひやってみてください

ただいま。
お留守番ありがとね。
いつもの風景。
関東、梅雨があけました。
夏です。
夏本番。

2018/7/1 ハ

おかーさんは
「すきなもの」にたいしての
いきおいがつよすぎて
ときどきものすごい
行動力をはっきする。
ぶつよくも、無いときと
ある時の差がすごい。
おかーさんいわく
心が動いたらとつげきするらしい。
とつげきとなりのばんごはん
てきな勢いなので
みんなめをしろくろさせている。
ぼくは
ぱんつもはいてないし
ふくもきたことがありません。
すこしのおもちゃと
たくさんのおやつさえあれば
しあわせ。
みならってほしいです

2018/7/4 夕

べらんだあそび。
せんたくものと
ぼくです。
風が吹いてるので
べらんだにほすのは
あきらめたほうがいいのに
ほしてます。
どうかとおもいます。
おかーさんのそういうところは
直してほしいです。

おかーさんさぁ
さいきんゆきちゃんみないけど
どこいったの？
ゆきちゃんて
あつくるしいけど
いないと
なんか心がすーすーするんだけど。
え？
ひしょち？
ひしょちにいるの？
まいとしいってる夏のがっしゅく？
ゆきちゃんて
おじょうさまなの？
なんでゆきちゃんだけなの？
ちゃんとせつめいしてほしいのよ

動物病院に
ハニタビのご飯を取りに行ったら
ハニオの子分みたいな
はちみつ兄弟に会った。
う――――
う――!!!
ほしい…
無理無理無理
ハニオの子分…。
はっちとみっつ。
心の中で名前も付けました。
バカですわたし。

2018/7/7 ハ

こぶん、と
こんぶの
ちがいについて、かんがえている。
こぶんは、ぼくにおやつをくれるかもしれ
ないけど
こんぶはおやつをくれない。
こぶんは、ちゅーるをくれるのか。
こんぶがちゅーるをくれるのか。
とても大きなもんだいです。
たびちゃんにも聞いてみます

2018/7/8 ユ

ハニタビ兄弟の間に
はちみつ兄弟が
いたら
と仮定してみる。
あの小さくてかわいすぎる
はっちとみっつ。
万が一、と仮定しても
茶トラの猫三匹と
おはぎ色の猫一匹
そして
大型犬の雪。
わたしの体力
仕事との両立。

いや、かつてわたしは
猫四匹、ラブラドール一匹と
暮らしてきた
（「はなちゃんの夏休み」参照）
なんとかなるのでは、という心の声と
無理無理無理という心の声が
せめぎ合う
七夕の夜。
これもあの
はちみつ兄弟が
あまりにかわいすぎるから。
冷静になりましょう。
おやすみなさい！

2018/7/8 ユ

はちみつ兄弟は
冷静に考えて
わたしには…無理です…
ほんとに可愛いし
心動かされましたけど

じぶんの体力
仕事
年齢
その子たちの幸せ
そしてハニタビ、雪の幸せ
色々を総合して考えると
やはり
彼らの行き先は
うちではないでしょう。
わかってるんですよ
ただ
ちょっと妄想してみただけ。
はちみつ兄弟
幸せになってほしい。
行く末をいま、見守っています。
またお知らせします。

2018/7/14 ハ

まいにちあついです。
あつくたってぼくは
はちみつやまで
寝ています。
おかーさんがときどき
大丈夫なの⁉といって
おふとんをめくりにきますけど
そういうことはやめてほしいんです。
はちみつやまの空気が
こわれてしまいますから。
ほんとにおかーさんて
わかってないです

2018/7/16 ハ

おかーさんは
バタバタしてる。
あがったりさがったり
てんやわんやだ。
ぼくはこの場所から
よのなかを見ている。
おかーさんが
ぼくのことを
忘れてないか
ちゅーるのことや
いぬくんれんを
わすれていないか
かんさつしている。
このしゃしんは
どことなく
赤塚不二夫ふう、です

2018/7/22 ユ

おはようございます。
なにかいますね。
ボールですわね。
ボールだわ。

きょうもよいこで。

2018/7/22 ユ

一度は諦め、里親を探していたのですが、
紆余曲折ありましてやはり
我が家で迎えることに
なりました。
5月5日生まれです。
ちなみに
立ち耳のスコティッシュフォールドなのです。
（ぜんぜんスコティッシュに見えないけどそんなことはどうでもいいです）
立ち耳のスコティッシュは
売り物にならないということで
動物病院にて保護されていました。
なんだか切ない話ですが しかし はちみつ兄弟は
そんなことは関係なく
いつも一緒、いつも元気
とにかくいつでもべったりくっついております。
どうぞよろしくお願いいたします。

2018/7/22 ハ

なんか
最近気がついたけど
うしろから
ちいさい、まるいのが
ふたつくっついてくる。
たぶん
ぼくをみて
ひゃあひゃあいっている。
あたらしいこなのか。
あそびにきてるのか。
とりあえず
みずをのむばしょは
おしえたいとおもっています

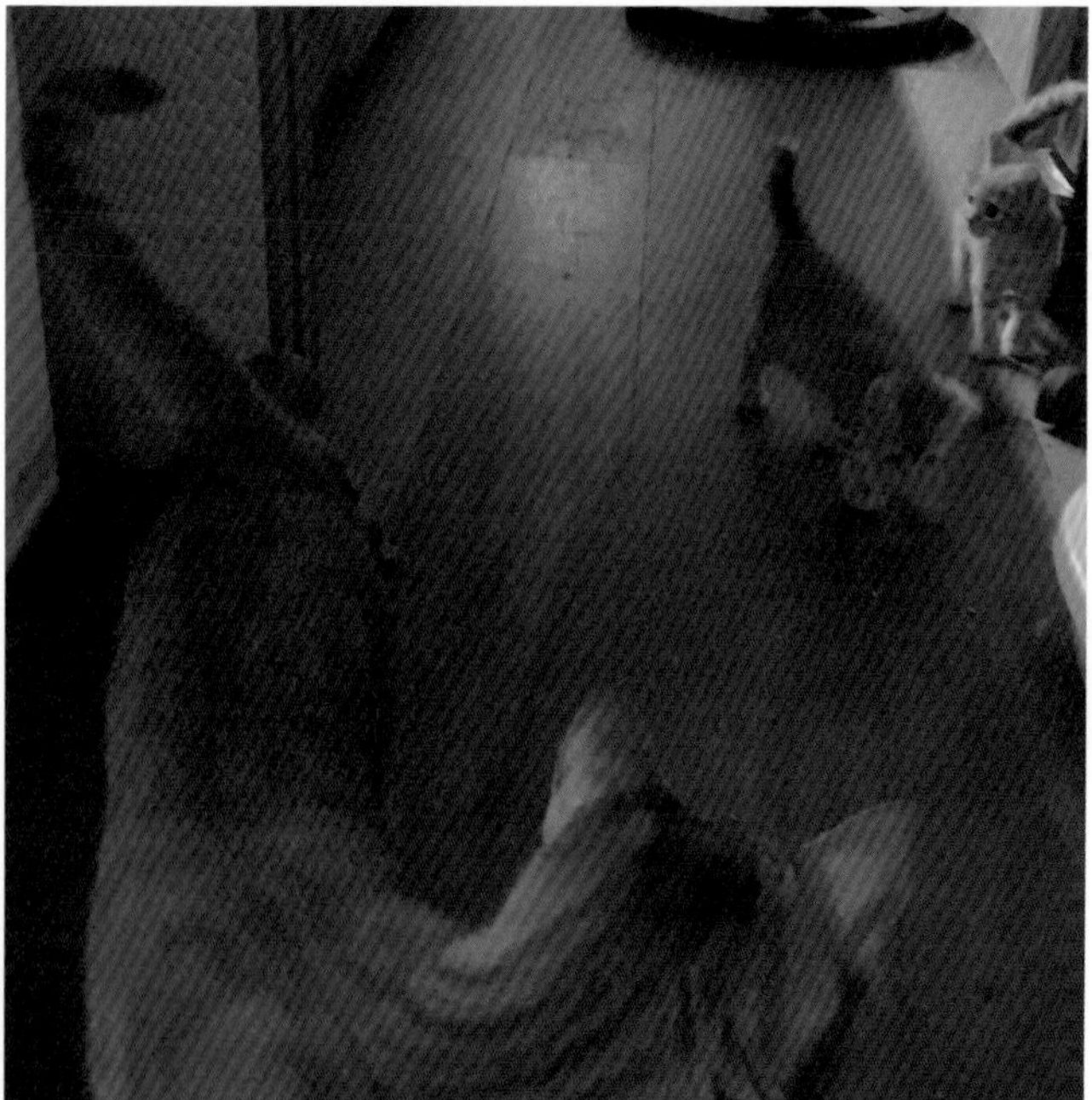

2018/7/22 ユ

ユリコハウジング作
その名も
ほぼ日こねこハウス。
こねこホイホイではありません。
ひっそり建立。
様子をみましょう。

2018/7/22 ユ

那須高原にいる雪の写真が届きました。
ボーイフレンドのゼロくんと。

雪…帰ってきたら
あなたのだいすきな
ちいさいこ が
なんとふたりも
来てますよ〜

雪は小さい子が大好きで
本当に甲斐甲斐しく面倒を
みるのです。
那須高原で
楽しく過ごしていると聞き
おかーさんは安心しています。
会いたいけどこの暑さでは
夏季合宿のありがたさを痛感する日々です。

2018/7/22 ハ

おかーさんさぁ
この、ちいさいこたち
帰ってもらったほうがいいんじゃない？
このこたちのおかーさん
しんぱいしてるんじゃない？
ぼくのことすきみたいだけど、
そういうのって
どうしたらいいかわからないし
ぼくは
らいおんだし
これこって未知の世界なのよね。
え？
うちにいるの？
ずっと？
え？そうなの？

2018/7/23 ユ

しつこい投稿すみません。
四匹やっと一緒に写ったので。
しかし暑い！
この時間で30度あるって、
どういうことなのかしら…
熱中症に気をつけましょう。
おやすみなさい。

2018/7/23 ユ

はちみつクイズ
初級編
さあ、どちらがはっち？
どちらがみっつ？
とりあえずは勘でお答えください。

2018/7/23 ユ

ちなみにこのこが、はっちです。

2018/7/23 ユ

奥でなにか考えてるのが、みっつ。はー、ほんとに見分けが難しい兄弟です。

2018/7/23 ユ

ユリコハウジングの家の前で
この家に住みたい、と
おねだりしてる…
ようにも見えるふたり
はっちは、甘えモードになると
みっつの耳を吸うという
習慣があります。
みっつもゴロゴロいっております。
はちみつ兄弟、
目が離せないかわいさ。

毎日暑くて、へんな時間に起きてしまう…
子猫部屋を開けたら
ピキピキーズ(はちみつ兄弟の別名)が、ピンポン球のように
転がり出てきた。
もう階段も上り下りできるし
引き出しや冷蔵庫、
洗濯機の中などに入りたがるので全く目が離せない!!
しかし仔猫を、いえ
動物の赤ちゃんを育てるって
そういうことですよね。
もちろんそれは
人間のお子さんもおなじ。
世の中には
たくさんのおかーさんと
おとーさんが
溢れてる。

2018/7/24 ハ

ぼくは「こんわく」している。
ちいさいのがふたつ、
ぼくのへやの、わしつを
つかっている。
ねるときも、ごはんのときも、
ぼくのわしつをつかっている。
おかーさんは
それをあたりまえだとおもってる。
ぼくの三角のおもちゃも
あたりまえみたいなかおで
つかってる。
いぬくんれんのくじらさんだけは
ししゅしたい。
たびちゃんはのんきなので
ぜんぜんきにしてないみたいです

2018/7/24 ユ

どっちがどっちか わたしも
よくわからないときもあります。
ほんとにそっくりなのです。
でもきっと
だんだん、個性が顔にも出てくるはずなので
とにかく、元気で、丈夫に
育ってください。
みんなでね。
たのしくね。
それだけを望みます。
そしておかーさんは働きます。

2018/7/25 ハ

ちいさいこたちはまだ帰らない
ぼくのわしつで
ごはんをたべて、ねている。
ぼくのおもちゃでも
あそんでいるし
ぼくのしっぽや
ぼくのおなかにも
からみついてくる。
きのう、少しなめたら
ものすごくよろこんでいた。
あのこたち
もうすこしこのうちに
いてもいいんじゃないかと
おもった

2018/7/25 夕

ちいさいこたちが
ふたりきました。
ぼくはこの家のおやぶんなので
たくさんいろんなことをおしえています。
みずのみば、といれ、
階段のあがりかた、おりかた
などなどです。
ぐるーみんぐもしますし
ときどきは
猫キックもしますが、
おかーさんに叱られます。
そんなときはすぐ
あたまをなめてあげます。

2018/7/27 ユ

はちみつ兄弟、2回目のワクチン。
爪切り、
目薬(目が少し赤かったので)。
わたしのしつこい猫スタグラムで、
仔猫を飼いたいと思われる方も、
もしかしたらたくさんおられるのかな、と思います。
しかし誤解を恐れずにいえば
動物を飼うことは、決して
「かわいくて癒される」だけではなく、
彼らの一生を責任持って引き受けることであり
病気になる前にそれを予防してあげることであり
病気になったとしたらその現実にちゃんと最後まで寄り添って
一緒に生きることなのです。
そんなことわかっているよと
言われそうですが…。

お金も、どうしても
それなりにかかりますし、
やはり覚悟をきちんともたなければ
こんなはずじゃなかったと
途中で投げ出すことに
なりかねないのです…。
そんなことわかっていますよね。
すみません。
元気で長生きして欲しい。
楽しくね。
笑ってね。
それだけを祈りつつ、
今日も過ぎ行く。

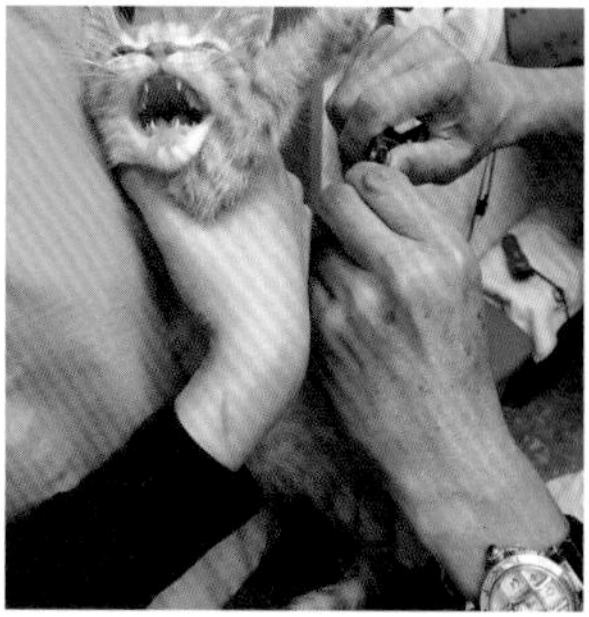

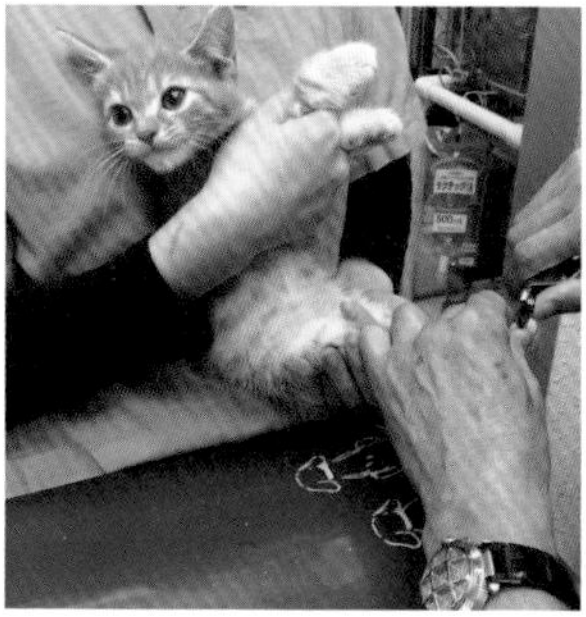

ぼくはさいきんおもう。
このちいさいこたちは
もしかしたら
ぼくのことがすきなんじゃないかってこと。
ぼくをみつけて走ってくるし、
すりすりしてくる。
たびちゃんのところには
はしっていかない。
そのことをたびちゃんは
全然気にしてない。
ぼくのおもちゃも、
ルーレットいがいのやつも、
つかってもいいと
おもいはじめています

ちいさいこたちは
はにちゃんの方ばかりに
行くので
おなかをみせて
みりょくてきにしてみました。
のってもさわっても、
なんなら吸ってもいいですよ。
待ってます。

ハニオ、子猫に付きまとわれています。
たびは、みりょくてきにしてみたのに、
あいてにされず。

22018/7/31 ユ

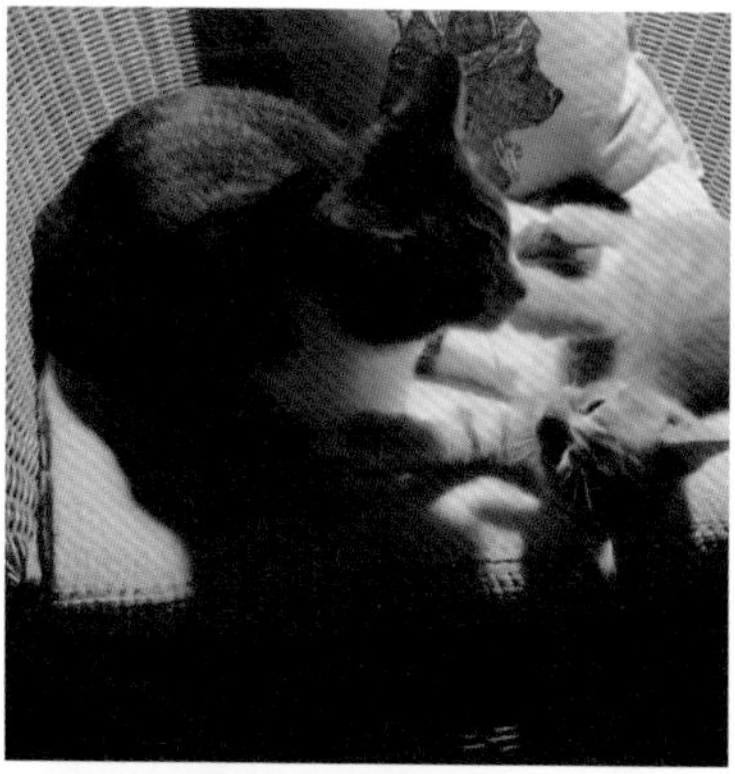

ついに
みりょくてきな
たびにーちゃんのところに、
はっちがやってきた。
たび、至福のとき。

2018/8/2 ハ

おはようございます。
こねこになつかれる、
かっこいいぼくです。
たびちゃんも人気ですが
じつのところ、ぼくのほうが
より、こねこたちに人気です。
きょうは、ハニーの日、
そして、ぱんつの日。
みなさん
ぱんつ一丁で
はちみつをなめてから
おでかけください

はちみつの日がおわる。
ちゅーるも、かっこいいおやつも
もらえませんでした
おかーさんが、のどが痛いからです。
はっちとみっつは
いちにちのうち20時間くらいは
くっついていています。
どうかとおもいます

2018/8/5 ユ

4人でくつろぐ予定だったんだよね。たび。
思うようにいかないものね。
ハニオの顔おかしい…。

❶

❷

❸

❹

❺

❻

2018/8/6 ユ

おはようございます。
どうも昨日の夜から
ハニオが
赤ちゃん返りをしています。
仔猫たちのボールを離さず
わたしのあとをついてまわるハニ坊。
考えてみれば
ハニオはまだ2歳(たびもです)
まだまだ精神的には子供…。
なのに
小さなはちみつ兄弟が来て
彼なりに頑張ってお兄さん役ををしていたのだと。
そんなわけで
ハニ坊を褒めちぎりながら
ブラッシングしました。
たびはノホホンとマイペースな顔をしてるけど…
おかーさんはひとりひとりに
目配り気配り…。

2018/8/8 ユ

雨
涼しい東京。
ひさびさに窓を開けたら
たぶん窓の外の空気を初めて吸うはちみつ兄弟が
走ってきた。
たびにーちゃん、付き添ってます。

2018/8/8 ユ

たびがいません。
どこを探してもいません。
しかたがないから、
かっこいいおやつ、
ハニオだけにあげようとおもいます。
ちびたちにはまだかっこいいおやつは、早い。

2018/8/8 ユ

ゴジラ感。

2018/8/9 はち

なんかおおきくなったきがする、
といつもいわれています。
かおが、ぼーるみたいなのが
ぼくです。
みっちゃんはぼくより少し小さい。

2018/8/15 ユ

はちみつ兄弟
生後三か月と10日。
あんなにそっくりだったふたりですが
明らかに顔が違ってきました!
上がはっち
下がみっつ。
よく見てください
たびにーちゃんが羨ましがるほど
みっつには「鼻のふちどり」がある!
細くてきれいな、完璧なふちどりです!
はっちには何もなし。

2018/8/16 ユ

おはようございます。
朝です。
茶トラ組ちゅーる族。
おちびふたり、
必死です。
生命力ってこういうこと。

2018/8/19 はち

ちゃいろの、おにいさんに
なめてもらった。
はんぶんしろいおにいさんには
もっとべろべろなめてもらった。
みっちゃんとおいかけっこもした。
いまからここで
ひるねします。
おきたらまた、
ちゃいろのおにいさんに
なめてもらうよていです。

2018/8/19 はち

おひるねからおきました。
ちゃいろのおにいさんに
すこしつめたくされました。
さいしょ、なめてくれていたけど、すこし
キックもされたしくびねっこをかまれました。
すこしあるいたら
おすなばがありましたので
くつろいでいます。

2018/8/20 はち

ごはんをたべたらすぐよこになります。
はんぶんしろいおにいさんも、すぐよこになります。
ちゃいろのおにいさんは、
すわってぼくをジロジロみています。
みっちゃんはあおむけでねています。
それぞれの、なつです。

2018/8/21 ユ

おはようございます。

ついに
布団の中に侵入することを覚えた、はっち選手
いままでは
寝室があることにすら気がついていなかった模様。
ピキピキいいながら
喜んでいらっしゃいます。

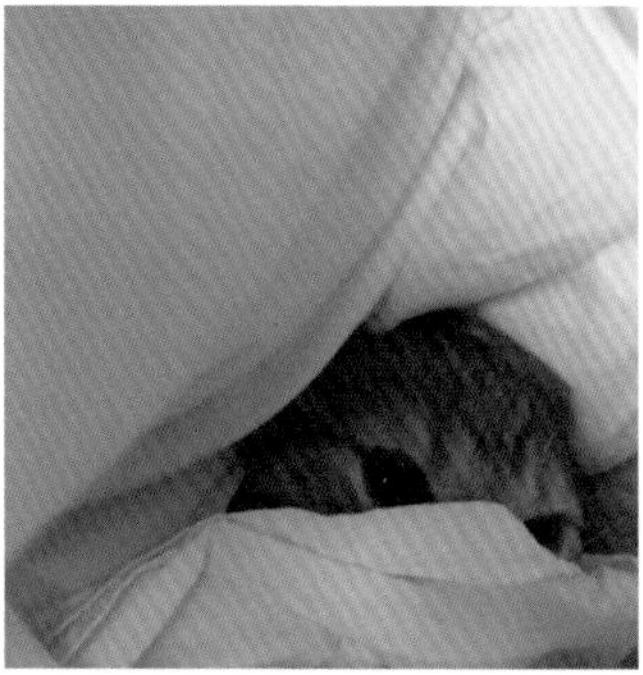

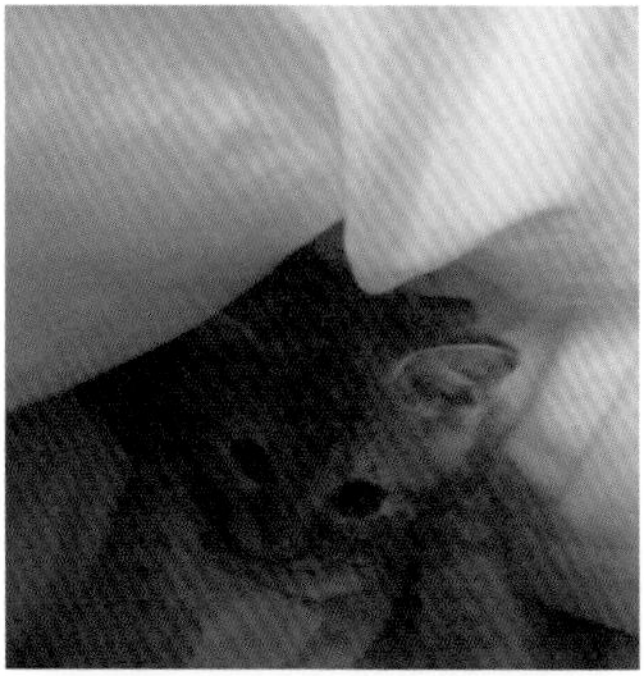

2018/8/22 ユ

おはようございます。
朝起きて
最初に見た光景。
たびにーちゃん
改め、たびかーさん。
優しい。
なんだか泣ける。
優しいってほんとに、ありがたい。

2018/8/25 ユ

最近の疑惑。
このふたり
わたしのことを
絶対に
お手伝いさんだと思ってる。
ちゃいろいおにいさんと
はんぶんしろいおにいさんと
お手伝いさんと
暮らしてると思ってる。
おてつだいさん
きょうも働きます。
皆さんを食べさせていくために。
しかし暑いほんとに暑い！
早く秋になってほしい…。

乗らないでほしいんですよ。
そこに乗らないでほしいんです。
威張った顔は
まちがってますよ。
ピキピキ言っても
だめですから。

2018/8/28 ユ

はっちっち。
わたしの大事にしている
ボンポワンのキリンさん…
すっかりはっちに奪われました。
いつでもどこでも、くわえて持ち歩いて
います。
みっつはあまりそういうことをしなくて、
もっぱら
たびにべったり。
ハニオはちょっと離れてみんなを見ている。

2018/8/31

2018 autumn

パリのえんとつ。大好きなんですこのえんとつが

2018/9/1 はち

はんぶんしろいおにいさんと
きのうのよるから
ずっとここであそんでいる。
ちゃいろいおにいさんは
ときどき、べろべろしてくれる。
だいどころのながしの中に
入って、
みずあそびしたり
びしょぬれのまま
はしることが、ぼくたちの
あいだでは、ぶーむです。

2018/9/9 はち

まいにちまいにち、
みっちゃんとぷろれすの
ひびです。
だいたいは
みっちゃんからけしかけてくるので
ぼくはとてもこまっています。
はんぶんしろいおにいさんは
あしおきにも、なります。
とてもべんりです。

「いぬねこなかまフェス」に
参加。
動物たちを看取ること、についてトークを。
辛いとか悲しいとか
そんなことは大前提なのです…でも、飼い主が、
共に暮らした動物達の命を最後まで看取るこ
とは、幸せなことです。わたしはそう思ってい
ます…。
この、ちいさなブイヨンは、
トーク中、糸井重里さんの手の中に
ずっとありました。

大好きな糸井重里さんと。
糸井さんの周りには
弾むボールのような空気が
いつもあるのです。
糸井さんのように
歳をとりたい、といつも思います。

2018/9/12 ユ

雪が帰って来ました
はちみつたちをみて、
大喜びしています…
が
はちみつたちは
初めて見る犬が
怪獣に見えるようです…
毛を逆立てて威嚇しています。
たびは、仔猫たちから離れず、大丈夫だよ
と舐めたり抱きしめたりしています…
優しい。
ハニオは至って平常心
焦らずゆっくり見守ります。
久々の雪の笑顔。
おかえり、雪。

ゆうべのふたり。
たびと、はっち。
初めて雪にあって、
尻尾をクリスマスツリーのように膨らませ、
威嚇するハチミツたち
雪が喜んで舐めようとしたら
空気砲も放ってました‼
言葉に表すのなら
シュパ！！！と、

ケッ！！！
が混じったような不思議な音です。
それをみた、タビが
すぐさまはっちを抱きかかえ
大丈夫だよとなぐさめていました…タビの優しさと
父性本能には本当に頭が下がります。
ありがとね、タビ。
じっくりじわじわ
時間をかけて、見守ります。

2018/9/13 ユ

雪…
雪はいつも、こうやって階段の下を見ているのです…

1日経って
はちみつたち、恐る恐る近寄ってくるようになりました。
雪が穏やかで
何も怖いことをしない、ということに気がつき始めてる感じです。
きっとあと数日したら
かなり平気になると思われます。
わたしにできることは
黙って見守ること。
人間があれこれ口を出すと
あまりいいことにならない
気がするのです…。

2018/9/15 ユ

おはようございます。
小雨降る土曜日の朝。
ハチミツたちは
今朝も、雪との距離を置きながら…
でも
ほんとに少しずつ、怖がる量が減って
来ています。
じわじわと
距離も縮まって来ています。
これはみっつ。

2018/9/16 みつ

おれはみっつ。
みっちゃん、とか
みっくん、とか
みつお、とか呼ばれてる。
おれは、あの
おおきなかいじゅうみたいなこ、なんて
こわくない。
はっちゃんは
わりとまだ
びくびくしている。
おれは
とおりぬけるとき
せかいいちこわいかおを
みせながら、とおりすぎる。
めやにも、きにしない。

2018/9/16 ユ

おはようございます。
はっちとタビ。
タビがそばにいると
はっちはとても安心するみたいです。
目線の先は、雪。

2018/9/16 みつ

おれは起きた
おれは、きょうもみはっている。
かいじゅうみたいなこが
おれたちに近づかないように。
近づきすぎたら
おれは、
よにもおそろしいかおで、
おどかすつもりだ。
とらの子にみえるように
あしも、ひらいてみた。

2018/9/18 ユ

なんと。
すごい進展
雪、たびかーさんの監視付きですが
同じベッドの上で
くつろいでいます!!
これは、みっつ。

2018/9/20 ハ

ずいぶんすずしいあさ、
おかーさんは
きょうは何を着ようかと
鏡の前でかんがえている。
ぼくはぱんつもはいてないのに
こんなにかっこいい。
ちびたちが最近
いばりちらかしているけど
ぼくが一番すてきだと
おかーさんが小声でいった

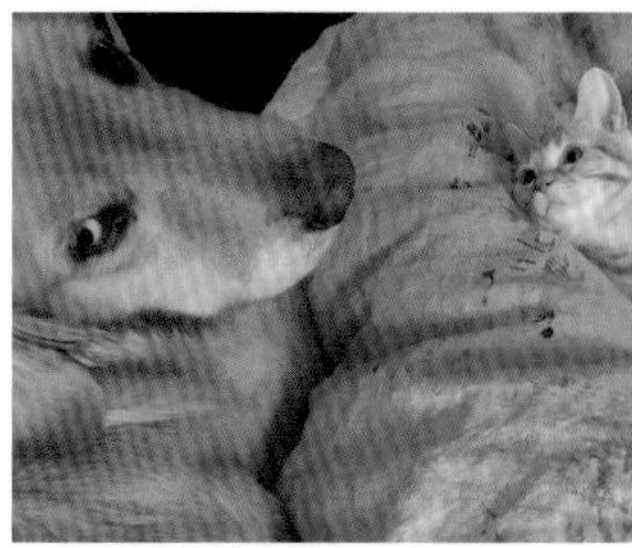

昨日の夜の
雪&はちみつブラザーズ。
はちみつたち、
雪を踏んづけて行くくらいになりました…
雪は
ほんとはべろべろ舐めたいのをじっとこらえて
怖くないよと
訴え続けております。
べろべろできるのも時間の問題。

2018/9/22 ユ

左から
ハニオ、はっち、雪。
はっち、いろいろ見えてますけどご容赦ください。
雪、仔猫たちが自分を怖がらなくなったので
笑顔が多くなってきました。

2018/9/25 はち

ぼくはさいきん気がついた。
はにおちゃんと
たびちゃんの
食べてるカリカリは
どうも、
ぼくとみっちゃんがたべてるやつと
ふんいきがちがう。
なんか、
おとなっぽさが
ただよっている。
ぼくとみっちゃんのカリカリは
どうみても赤ちゃんぽい。
赤ちゃんのカリカリは
少しあきてきました。

平和な光景。
たびかーさんと仔猫たち。
彼らが敷いてるのはわたしの
パジャマ…。
寒いくらいの朝です。
確実に秋が深まっています。

はにちゃんが言っていた。
きょうは、たいふう、というのがくるそうだ。
はにちゃんは、
ちゅーるがあれば、
たいふうは来ないように
できるのに、と言った。
ちゅーるはおかーさんしか
取り出すことができない。
雪ちゃんは、ちゅーるのありかを知っている。
雪ちゃんはかんがえている。

2018/9/30 みつ

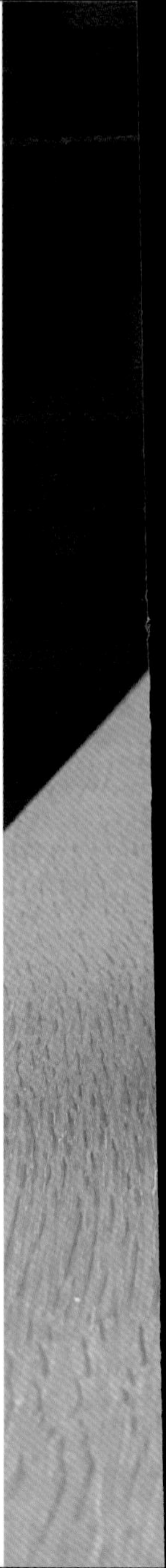

おれはみている
そらを
おれはみている
くものゆくえ
たいふうなんて
おれがぶっとばす
ぶっとばしたら
たびちゃんに
べろべろなめてもらう。

おれは
こういうかおで
ちからづよく
たいふうとたたかった。
これは「よにもおそろしいかお」です。
きょうはおてんきで、
うちのかぞくもよろこんでいます。

2018/10/1 みつ

すごいかぜとあめだった
いまも
かぜはふいている
でもあめは、おれのいえのまわりには
ふっていない。
おれがやっつけた。
にじゅうあごだけどきにしない。
さあ、ねようぜ、みんな。

2018/10/2 ユ

ベランダでくるくる風に回る
落ち葉を見ている
はちみつ色のひとたち。
ほんとに大きくなりました、はちみつたち。
ハニオもなんだか
お兄さんぶりが板についてきました。

2018/10/2 はち

ぼくたちは大きくなってきた。
もうすぐ、うまれて5ヶ月たちます。
ぼくたちにさわりたいひとが
いるらしいので、
さわりごこちを教えます。
まず目を閉じて
両手でおにぎりをにぎるように
架空のおにぎり、を
作っていきます。
好きな大きさのおにぎりができたらその
おにぎりをタワシに変身させます。
かたいタワシを、柔らかいタワシに変身
させます。柔らかいタワシを、おにぎり
みたいに握り続けます。
はい、それがぼくたちの
さわりごこちです。

うわさによると
きょうはこの家のだれかが
たんじょうびらしい
ゆきちゃんではない
ぼくとはにちゃんではない
はちみつかもしれない。
はっちかも
みっつかも
ぼくは
たんじょうびプレゼントを
用意していない
ぼくのふちどり、
すすんでますよね、
さすがにね。

2018/10/12 ユ

今朝、どうもお布団のなかで
モゾモゾ動く、柔らかいタワシのような
ものがいた。
そして
その柔らかいタワシは
もぞもぞとずりずりと
私の体に沿ってあがってきて、
ついに顔を出した。
わかっちゃいたけど、
きみなのよね。
おはよう、はっち。

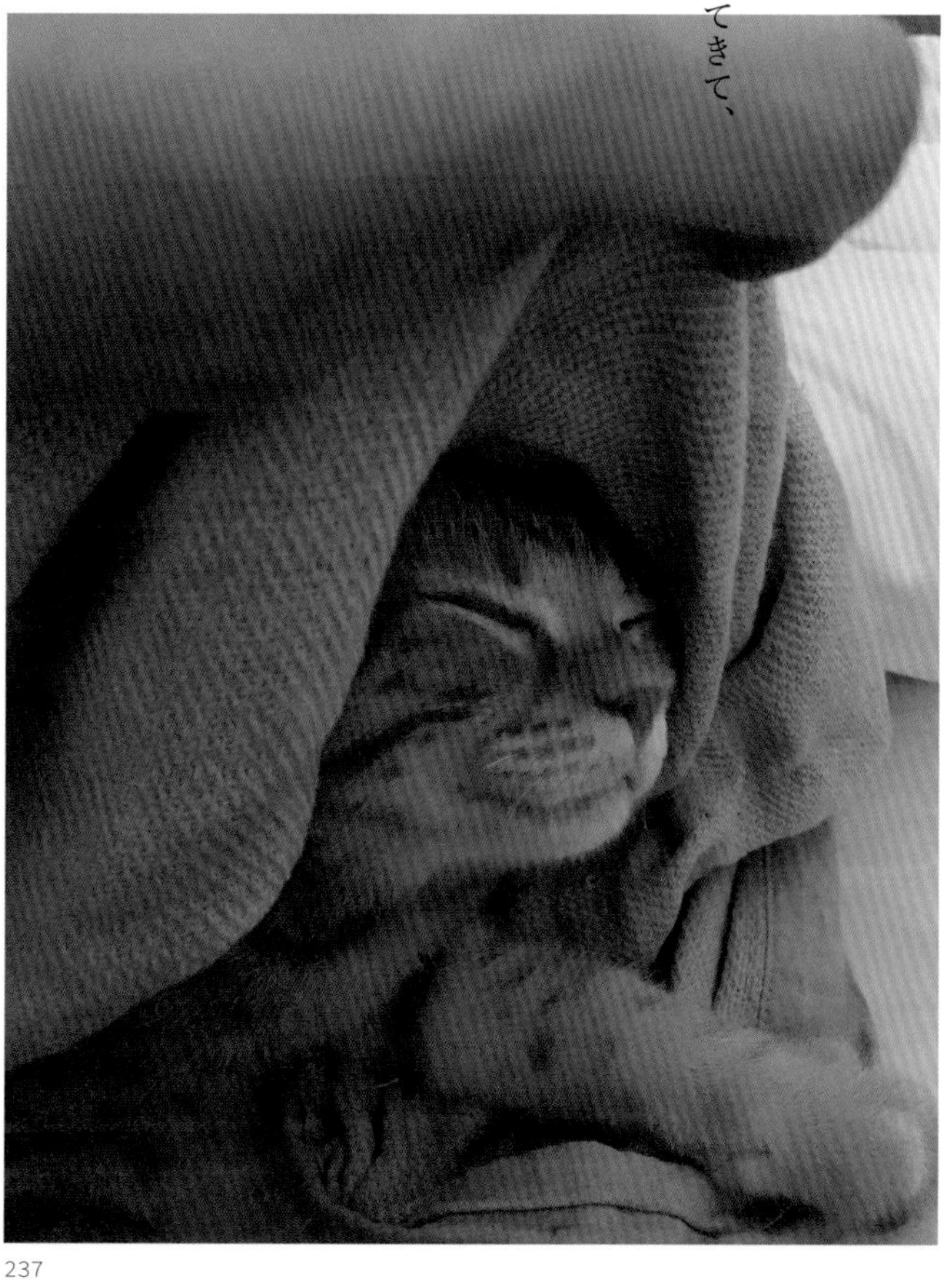

2018 autumn

パリに着いた。
モンマルトルのホテルの
私の部屋から見た空。
この日のパリは本当に寒い。気温は2度くらい。
この写真には写っていないけれど、もう少し左の方向には
エッフェル塔が小さく見えて　とても嬉しい。
よろしくね、パリ。
bonjour Paris!!
ここから始まる、未経験のことだらけの日々に
心震える。

モンマルトルのあたりをどこまでも散歩しました。

犬や猫に出逢うと必ずこうなる。!! みんなとっても良い子.

パリのえんとつが
大好きなのです。

オペラ座!!

ハニオに似てる子を
発見。

クリニャンクールの
蚤の市で買った
"カシュカシュ"

映画「マチネの終わりに」パリ撮影の日々。

パリの10月はけっこう寒い…

私専用のモーターホーム。
これがあって本当に快適でした。

セーヌ河を渡る洋子

洋子の部屋のベランダ。

朝の光が美しい。

カメラマンのバランタン氏。

すばらしいスタッフの皆さん。

愛しのノートルダム。

洋子の部下を演じたサラ。すてきでした!!!

Merci!!!

フランス語と英語を私に指導してくださった太田千尋先生。

エッフェル塔とセーヌ。

パリ、ありがとう。
パリ、本当にありがとう。

2018/10/16 ハ

ぼくはくつろいでいる。
このしきものは、
とても見覚えがある。
ぼくとたびちゃんは
こどものころからときどき
このお部屋にきている。
このしきものさえあれば
ぼくは人見知りしない。
こころのなかで
ささみの歌をうたっている

2018/10/17 ハ

すてきなしきものと
ぼくと、はっち。
ぼくのしきものだけど
はっちにも座らせています。
たびちゃんや、
みっつにも座らせています。
こころはひろく、
しきものは優しく。
おかーさんが、ほどなくして
むかえにくるらしいんです。
とても動揺しています

2018/10/17 ハ

おかーさんがむかえにきて、あの素敵なしきものと
さよならさせられた。
車に乗って
うちにかえってきた。
はちみつ山になって考えた。
よのなか
せちがらいとおもいました。
ぼくのすてきな、しきもの
待っててね

2018/10/18 はちみつ

おうえんしています
おかーさんを
おうえんしています
ぼくたちのかりかりを
おうえんしています
はたらくみなさん
おかーさんがんばれ。

2018/10/19 みつ

おかーさんをおうえんした。
きのうは
おいしいおべんとうのさしいれと
おいしいふるーつさんどいっちのさしいれが
あったときいています。
ぢょゆうっていいしごとですね
ぼくもなりたいです。

2018/10/20 ハ

ぼくのうしろに
ヒバのかごがある。
おかーさんはいじわるなので
高いところにのせている。
ぼくたちが、入らないように、です。
とても感じが悪いです。
みなさん
かごは地面におきましょう

たびちゃんは、おつかれだ。
こそだてにつかれたそうだ。
こそだて、は
こんきがいる。
こそだてには、かつおぶしと
おやつが必要だ。
ぼくは
ぼくの背中でよければ
かしてあげてる。
よりかかってやすんでほしい。

2018/10/21 はち

みっちゃんの目が、痛い。
なみだがでて、赤くなってるから病院につれてこられた。
みっちゃんの目が痛いのに
なぜかぼくもつれてこられた。
りゅうは、まえに、素敵なおうちにあずけられていたとき、
目がいたくなったからだ。
(ほんとはぼくなのだが、
みんながぼくをみっちゃんと、まちがえた)
だから、ぼくの目の治り具合も
チェックするためです。
こんらんしてきました。
みっちゃんは、
すこしかぜをひいてるかもしれません。
ちゅうしゃをされて
ひーひー泣いてました。
ぼくは体重を量りました。
もう3キロいじょうあります。

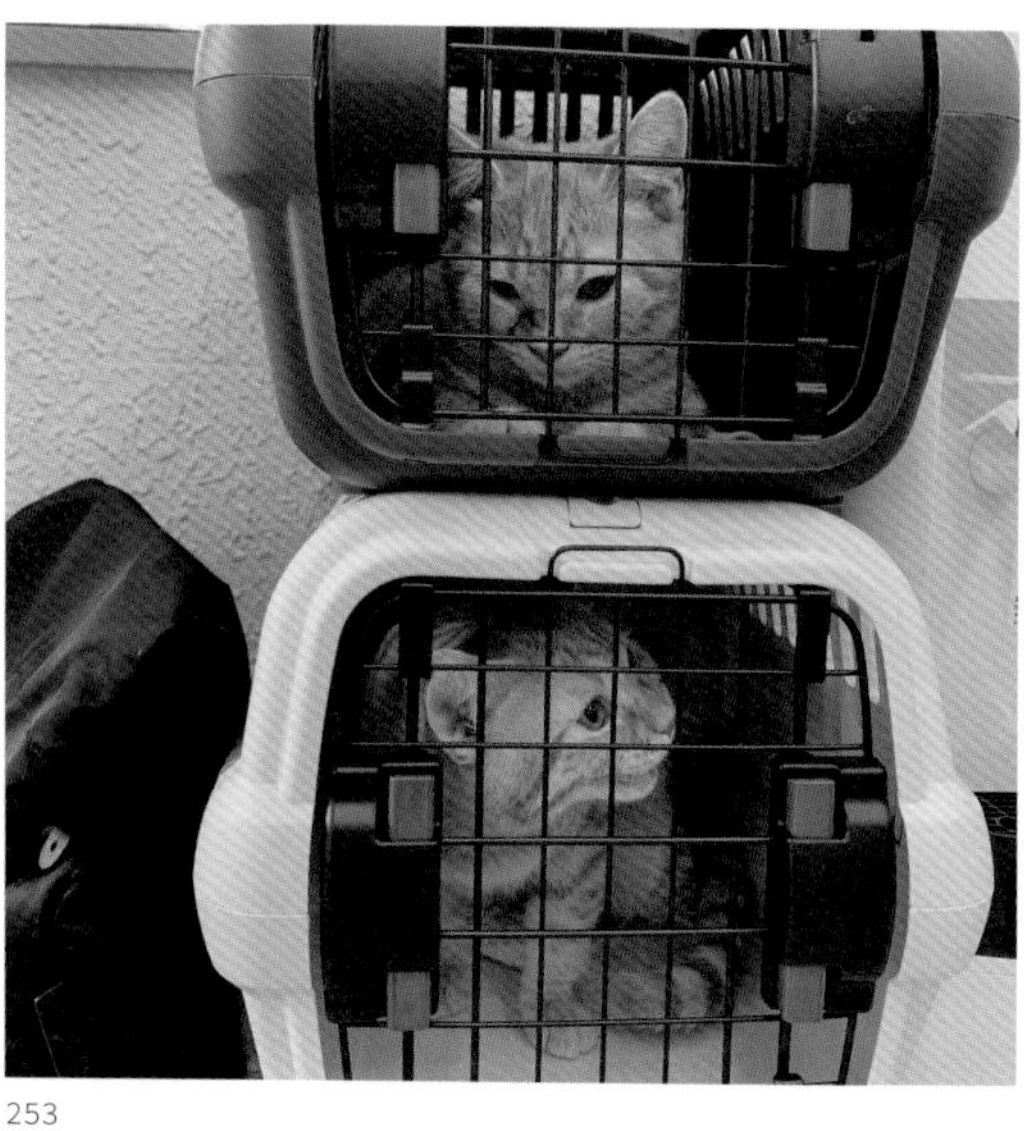

きのうの夜
おかーさんが
黄色い、ぬののふくろと
ぼくを交互にみつめて
はさみで三かしょに
てきとうに穴を開けた。
そしてそれを
すごいスピードでぼくに着せた。
はにちゃんかっこいい、となん度も言われて
しゃしんをとられて、
いいきぶんになっていたら
脱がされた。
ぼくは黄色が似合います

2018/10/23 はち

みっちゃんの目は
よくならない
おくすりもちゅうしゃもしたのに、悪くなってる
あさ、みっちゃんはかごに
いれられて
病院に行きました
ぼくも、また目が痛いのです
ぼくとみっちゃんは
にゅういんをすることに
なりました。
熱はへいねつです
ふたりとも、です。

入院しているはちみつ兄弟
猫風邪が原因の結膜炎…という診断でした。
気温の変化や環境の変化、
様々な理由から仔猫はすぐに体調を崩します…
わたしの気配りも足りなかったんだと思います。
反省しています…。
結膜炎も風邪も、感染するので、かわいそうですが
病院でしっかり直さなくてはいけません。
エリザベスカラーをつけているのは目を掻き壊さないため。
はちみつ、はやく元気になるんだよ。
大丈夫だからね。

2018/10/24 夕

おかーさん
はっちとみっつ
どこいきましたか。
さっきから探しているけど
いないんです。
え、お泊まりですか？
おやつ持って行きましたか？
おもちゃは忘れてるみたいです。
たのしくやってるか
ぼくはしんぱいです。
いつかえってきますか。

2018/10/25 ハ

はっちとみっつは
まだ目が痛いらしい。
小さいからからだのぐあいが
ころころかわる。
おかーさんはぼくに
はにちゃんいつもありがとう、と言った。
そんなことは言わなくても
ぼくは、わかってる。
はちみつきょうだいに
ぼくがこころのなかで
ささみの歌をうたってあげています

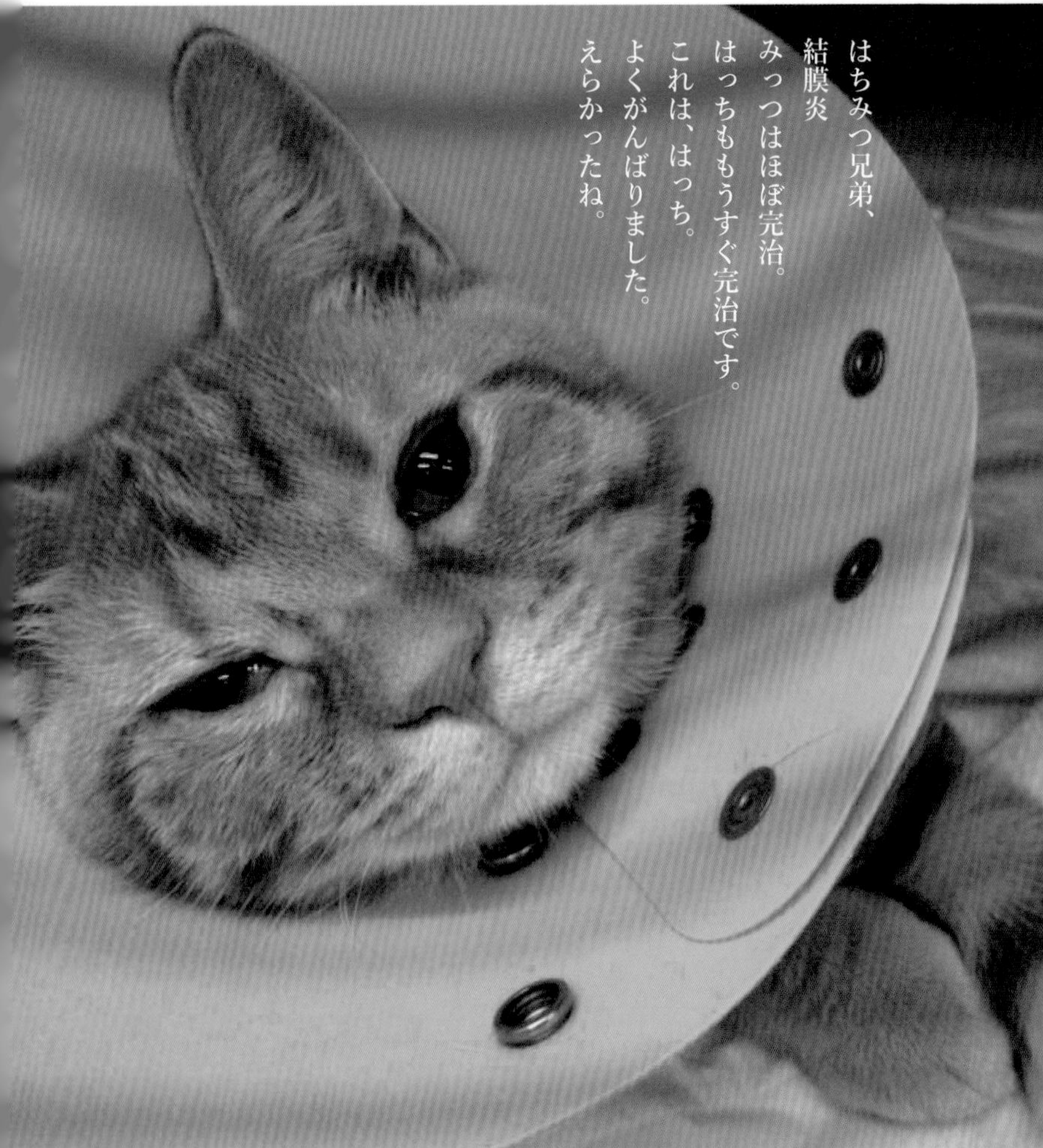

はちみつ兄弟、
結膜炎
みっつはほぼ完治。
はっちももうすぐ完治です。
これは、はっち。
よくがんばりました。
えらかったね。

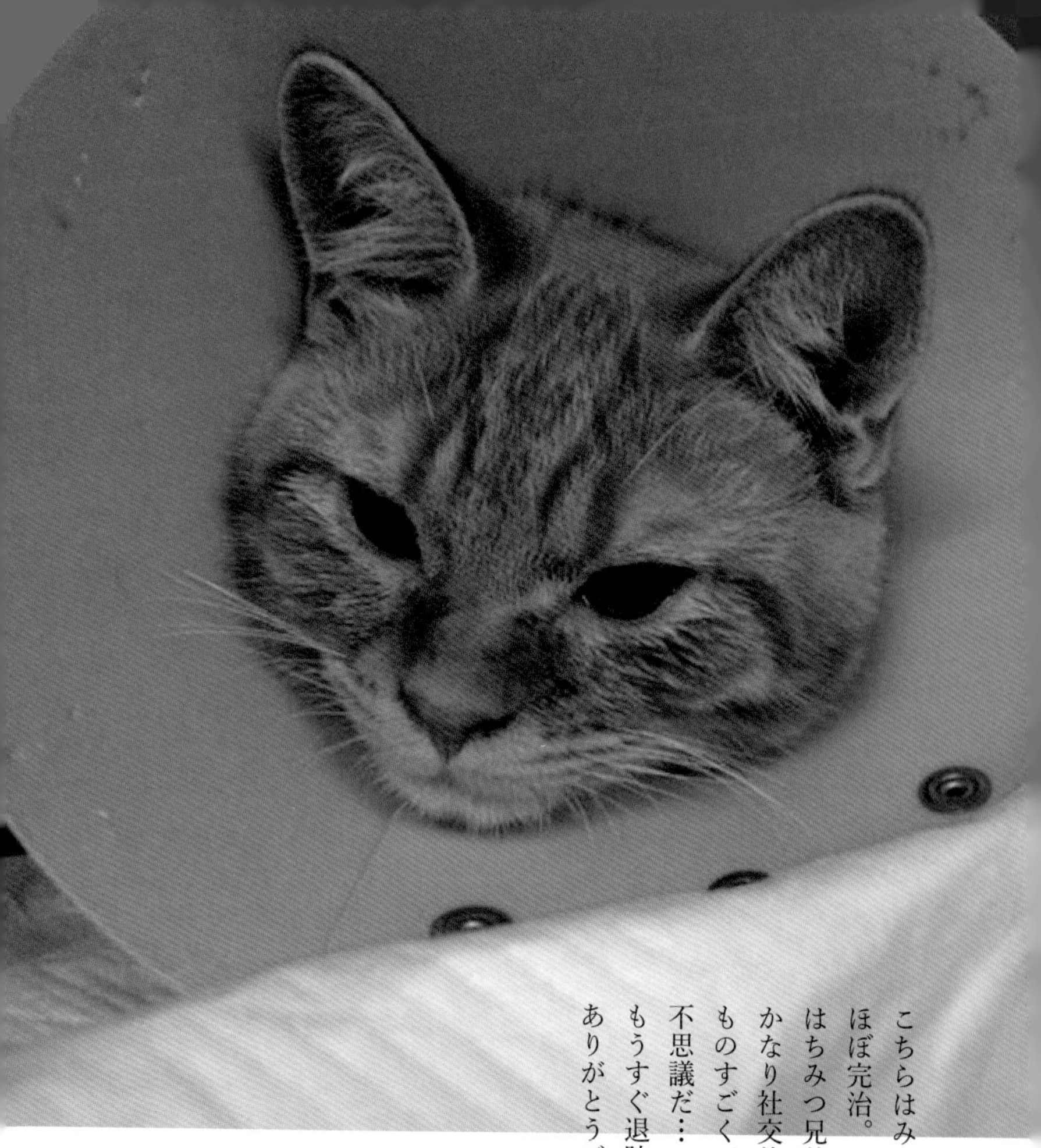

こちらはみっつ。
ほぼ完治。
はちみつ兄弟、入院中に
かなり社交的になったようです。
ものすごくゴロゴロいってるそうです…
不思議だ…
もうすぐ退院。先生がた
ありがとうございました。

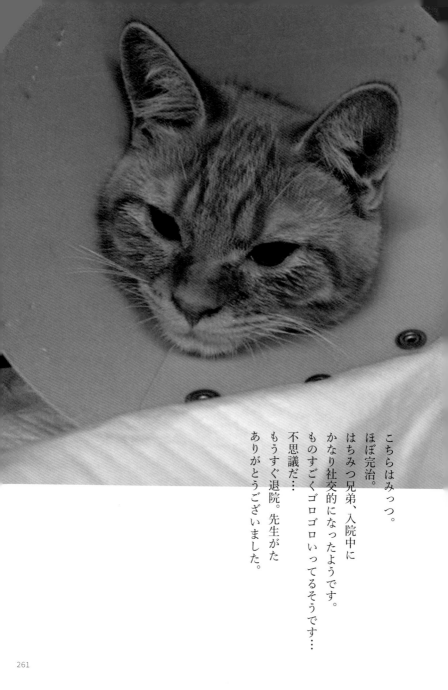

2018/11/5 みつ

おれは
退院した。
ちからつよく、
入院をがんばった。
えりまきとかげみたいなやつも、つけてがんばった。
おかげで
りっぱな
ライオンの子供になって
かえってきた。
たびちゃんをフミフミして
おれらしくくつろいでいる。

はっち、無事退院。
病院の先生がた、
ありがとうございました！
はっち、よくがんばったね。
えらかったよ。

ぼくたちは、
おかーさんが、「がいこく」で、ボンジュールなえいがを
撮ってるあいだ、
あのすてきな、まほうのじゅうたんのおうちに、
おせわになっていた。
ぼくとたびちゃん、
そして、もれなくはちみつ兄弟も一緒です。
ひとみしりも、こくふくして
ぼくは、新しいぼくになりました。ニューハニオと呼んでください。
おかーさんが迎えにくるときいて、どうようしています

たびにーちゃんへの
おみやげ。
ハニオと兼用。
寒いとき…着せよう…
わりとみんなセーターを着てました。
うーん、うちではやはり
写真撮影用かなぁ、
でもかわいい。

2018/11/24 ハ

せーたーを、着せてもらった
ぼくのきおくによると
これはたびちゃんがさっき
着ていたやつだ。
おかーさんは、
はに坊におみやげ、と
いったけど、たびちゃんのやつなのをぼくは知っている。
はとむねのたびちゃんには
似合うけど
ニューなぼくには似合わない
ざんねんです

帰ってきたよの歌
（作詞 はちみつ兄弟）

ぼくたちは（ぼくたちは）
ぼくたちは（ぼくたちは）
かえーってーきたー
かえーってきたー
このかいだんも（かいだんも）
このじゅうたんも（じゅうたんも）
わーしーつだってー
見覚えが（みおぼえが）

まほーうの
じゅうたんありがとう
まほーうのじゅうたん
まっててね
ぼくたちは（ぼくたちは）
とらのこ
らいおんのこ
おおきくなって
むかえにいくから
まってーてーね——

歌唱 はちみつ兄弟

2018 winter

2018/12/12 はち

このこのなまえは
カシュカシュ、っていうんだよ。
カシュカシュって
フランス語で
かくれんぼ、って
いう意味なんだって。
ぼくがいまから
ごはんのばしょと
みずののみかたを
おしえます。

2018/12/12 はち

ぼくはおもう
さいきん、
あたらしいこが
たくさん来ている。
こんな「としのせ」に
くるなんて
すこしひじょうしきなんじゃないかと
おもっています。

2018/12/14 はち

たびちゃんには
おせわになっています。
たびちゃんのまえで
どさっと横になると
もれなくべろべろ、なめてくれます。
はにおちゃんは
きがむいたときだけなめてくれます。
たびちゃんには
ぜんぷくのしんらいを
おいています。
どんなことがあっても
ついていきます。

2018/12/23 ハ

しわすだから
おふとんのなかで
寝ているのに
おかーさんが
はに坊ただいま、と言って
おふとんをめくった。
そしたら、はっちが
ものすごい勢いで走ってきて
ぼくにのしかかった。
そういうのやめてほしいんです。
ぼくに甘えないで
おかーさんは
じぶんのやるべきことに
とりかかるべきです

2018/12/23 ユ

抱っこは大嫌い
なのに
こんなに瞳ウルウルで
爪を切られる罪な男
それが
みっつ選手。
ちなみに爪切りは
私の得意技です。

Cul des Sac のヒバのペットテーブル

2018/12/28 ユ

おはようございます。
キーンと冷えた
冬らしい朝。
四つ並んだ
ヒバのペットテーブル。
可愛くて
眺めながらにやにやして
しまいます
きょうも健やかに。

はっちとみっつ。

耳が折れていないスコティッシュフォールド。
ただそれだけの理由で、売り物にならないと判断され、
動物病院に保護されていた。それがはっちとみっつです。

ペットショップで売りに出される動物たちは
そのためのオークション、というものがあるそうで
その時点で、何らかの問題がある子たちは弾かれるそうです。
そういう子たちを保護して、里親を探して引き渡すということを
私のかかりつけの動物病院の先生はいつもしていて、
私はいつもそういう子たちに会わせてもらっては、
里親候補を探して引き渡すお手伝いのようなことをしているのです。
あの時も、ハニオとタビのフードを取りに行った時に
石田さん、こっちこっち、と先生に呼ばれ

なんですか？とのぞいたら、見分けのつかないほどそっくりなハニオの子分みたいな小さな仔猫が二匹。

それが後のはっちとみっつです。


他にもたくさん仔猫がいました。みんな先述の理由で保護された子たち。少しだけどこかが悪かったり、風邪をひいていたり、真菌による皮膚病（お薬で治ります）だったり、様々な理由なのですが、こんなに可愛いのにそれだけの理由で売り物にはならないと判断されることにショックを覚えます。いやそもそも、こんなに幼い子たちが煌々と照らされた店内で値札をつけて売られていることを考えると、そして買い手が見つからない場合の行先を想像すると、どうしても心の奥が引きちぎられるような気持ちになります。それならばはちみつ兄弟のように売り物にならずに保護してもらったほうがどれだけ幸せだろうと考えたりもします。

もちろんペットショップ全てを否定はしません。そこで幸福な出会いがある子も沢山いるでしょう。だけど、おそらく不幸になる子も同じくらい、いやもしかしたらもっと沢山いるでしょう。

この問題についてはあまりにも根深くてペットショップだけを否定していても何も始まらないとも言える。社会全体の大きな課題だと思います。

話は戻って
はっちとみっつを引き取るつもりは本当に、最初はありませんでした。
その時点で私はハニオとタビ、犬の雪と暮らしていて、三匹と一人の生活をしっかり守っていこうと決めていたところだったのです。
多頭飼いをずっとしてきて、ここ数年のうちに四匹の猫と一匹の犬を見送り、
私の心は少なからず、今後必ず訪れる永遠の別れに対して防御線を張っていたとも言えます。
悲しみに慣れてしまったとも言えるけれど、それでもやはりもう、なるべくあんなに悲しくて辛い思いはしたくない。

そう思っていたのに、です。
目の前に、まるでライオンの赤ちゃんの、さらに赤ちゃんのような
双子の茶トラの仔猫が現れただけで

私の心はグラグラ揺れる。先生はそんな私を見て、にやっと笑いながら石田さんちに連れて行ってあげてください、なんて言う。

グラグラは揺れるものの、さすがにそんなに簡単に決められるはずもなく。

ああ。私ってどうしてこうなのか。いや、これが私なのか。

一生こんな感じなのか。いや何も私じゃなくても他に、あの子たちにふさわしい里親を探せばいいんだわ、と思い立ち、知り合いの家族に紹介したり知人、友人に紹介したりしたのですが、どれもうまくいかない。

なんでだ。あんなに可愛いのに…。そして私の中ではちみつ兄弟への情が深まっていくのです。

こうなったらもう、どうにもなりません。

はい。そんなわけであの二人はうちの子になりました。

ずっと多頭飼いだった私にとっては、実のところ、二匹増えたところでそんなに大したことではなくまるでずっと前から家族だったかのようにあの二匹は私の暮らしに馴染んで行きました。

本当に面倒見の良いタビ、クールにしてるけど実は優しいハニオ、小さい子が大好きな雪。

動物たちは優しいです。本当に優しいです。いつもいつもありがとう。

そして日々は続いていくのでした。

2019/1/2 ユ

元旦にしか撮れない
スペシャルな
はちみつ山の神様。
神々しいひかり。
半眼の瞳。
さあみんなで
お願い事をしましょう。
顔が出てる時だけが
チャンスです。

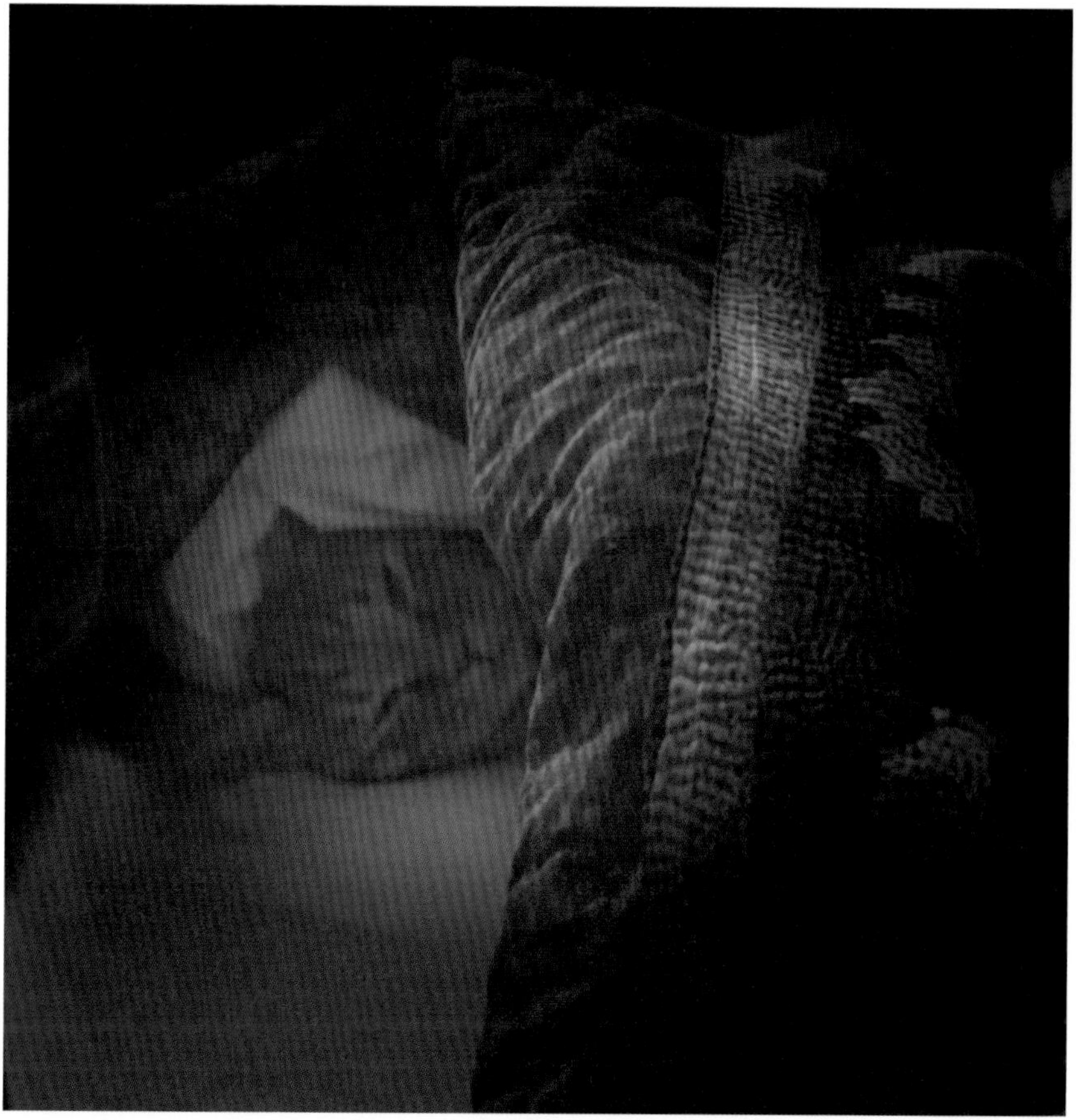

おかーさんが言った
あたらしい年ですよと。
こころをひきしめなさいと。
こころは、
おふとんにはいりながら
ひきしめています。
おふとんにはいってるからって、
だらけてるわけじゃないんです。
おかーさん反省してほしいです

2019/1/12 ハ

白い服を着てるこたちが
きた。
しろいふくは、
おかーさんもよく着ている。
しろをきてると、感じがよくみえる
といっていた。
このこたちも、
かんじがよくみえるように
白いふくをきている

はっち選手。
やめろといっても聞かないので
好きにさせております。
冒険したいお年頃。
生後8ヶ月。

はっちの冒険心冷めやらぬ。
おかーさんは見守るのみ。

2019/1/13 ユ

雪はいつもやさしい。
いつも笑顔。
はちみつ兄弟も
すっかり雪に慣れました。
寒い一日、
今日も笑顔でいこう。
雪よろしく。

2019/1/14 ハ

ぼくは待っている。
おかーさんのあしもとで、
ごはんよ、と
声がするのをまっている。
さりげなく待っている。
ごはんなんて気にしてないかおをして、
耳だけ向けて
まってるところです

2019/1/14 ユ

ハニオの
ごはん待ちの顔。
なんだかおかしい。

2019/1/15 ハ

ぼくのきおくが確かなら、
あれは、かみさまだ
むかしキッチンにきていた。
かみさまがまた来た。
まちがいない。
質問をされたら
よくばりじゃない答えを
かんがえないといけない。
ささみは、みんなで分けます

2019/1/22 ハ

ちゃとらの猫は
一家にいっぴき、といわれて
久しいですが
うちには
ちゃとらがおおすぎます。
ぼくは、最初にこのうちのこになりました。
はちみつ兄弟は後からきたのに
ものすごくいばっています。
かんがえものです

タビがまだ赤ちゃんだった頃。
たびたび（ダジャレか!!）
お世話になっている田島家にて、
田島照久さん撮影。
やはり、プロとはこういうもの
なのでしょう…
田島家とは
礼子さんちのことです。
田島ご夫妻に私は
足を向けて眠れません。
いつも猫たちを預かってくださり
ありがとうございます。

2019/1/23 ハ

みっちゃんがきました。
ひげがとっちらかっていますが
みっちゃんは気にしていません。
とても態度が大きいので
だれかちゅういしてほしいです

パリでの写真。
大好きなアスティエのお店にて。
可愛すぎる子をみつけて
ぎゅうぎゅうして参りました。

実は昨日まで
腹痛を伴う風邪をひいており、「体のどこかが痛い」この辛さをしみじみと感じました。
いま、体のどこかに痛みを持っている皆さんの気持ち、
ほんとにほんとに少しだけわかりました。
わたしの痛みが
誰かの痛みの代わりならいいのにとそんなことをうっすら思いました。
健康のありがたさもヒシヒシと感じたけれど
それよりも、
痛みを抱えていらっしゃるかたがたの日々から少しでも痛みをとってあげたいとそう思った、二日間でした。

可愛すぎるアヴリルくんです。また会いたい。

2019/1/31 ハ

さっき、横をみたら
かみさまが来ていた。
かみさまは言った。
はにぼう、いいこだね。
おおきなささみと
ちゅうくらいのささみ
もしくは
ちいさなささみ
君が落としたのはどれかな。

かみさま
ぼくは
おおきなささみと
ちゅうくらいのささみと
ちいさなささみ
全部落としました。
ほかに、
ねこかんや
ちゅーるも
たくさんおとしました

かみさまは言った。
はにぼう、そんなにたくさん落としたのか
きみは落としものが多すぎる。
めも帳をあげよう。

よのなかは
せちがらいです

2019/2/2 みつ

ぼくの椅子のうえで
いつもどおり
くつろいでいたら
ゆきちゃんがきてしまった。
ゆきちゃんの悪いところは
呼んでないのにくるところだ。
しつこくぼくのにおいを
かいでいる。
ゆきちゃんの後ろ頭の
ねぐせがきになる。

2019/2/6 ハ

はとむねの練習をしている。
たびちゃんは、はとむねで
セーターもにあうし
存在感がある。
ぼくはどっちかっていうと
ひょろっとみえるので
かんろくがたりない。
ライオンとしても
はとむねのほうがきっと
すてきだ。
かみさま
はとむねになりますように。
あと、ちゅーるください

また、
かみさまがいた。
ぼくがごはんを食べているうちに
きたみたいだ。
雨の日は
かみさまがくる確率がたかい。
このまえ
しっぽいしたので
ぼくは黙っている。
くちはわざわいのもとだ

撮影:田島照久

あかちゃんのころは、
毛がぱやぱやしていた。
たびちゃんは、
あかちゃんのころから
はとむねだった。
ぼくたちは2歳になり
たびちゃんは、しろねこに
ぼくはりっぱなライオンになった。
ばれんたいんだから
朝からきたいしています

2019/2/16 ハ

たびちゃんが
おかーさんにだっこされて
ほめられていた。
はとむねがすてきね、と
ぐりーんの目がすてきだと
目薬がんばってえらいねと
たよりにしてるよ、と
いわれていた。
ぼくだって
はとむねの練習をがんばっているし
目はグリーンだし
めぐすりだって、
ひつようなら
ちからいっぱいがんばる。
ぜったいに

2019/2/20 ハ

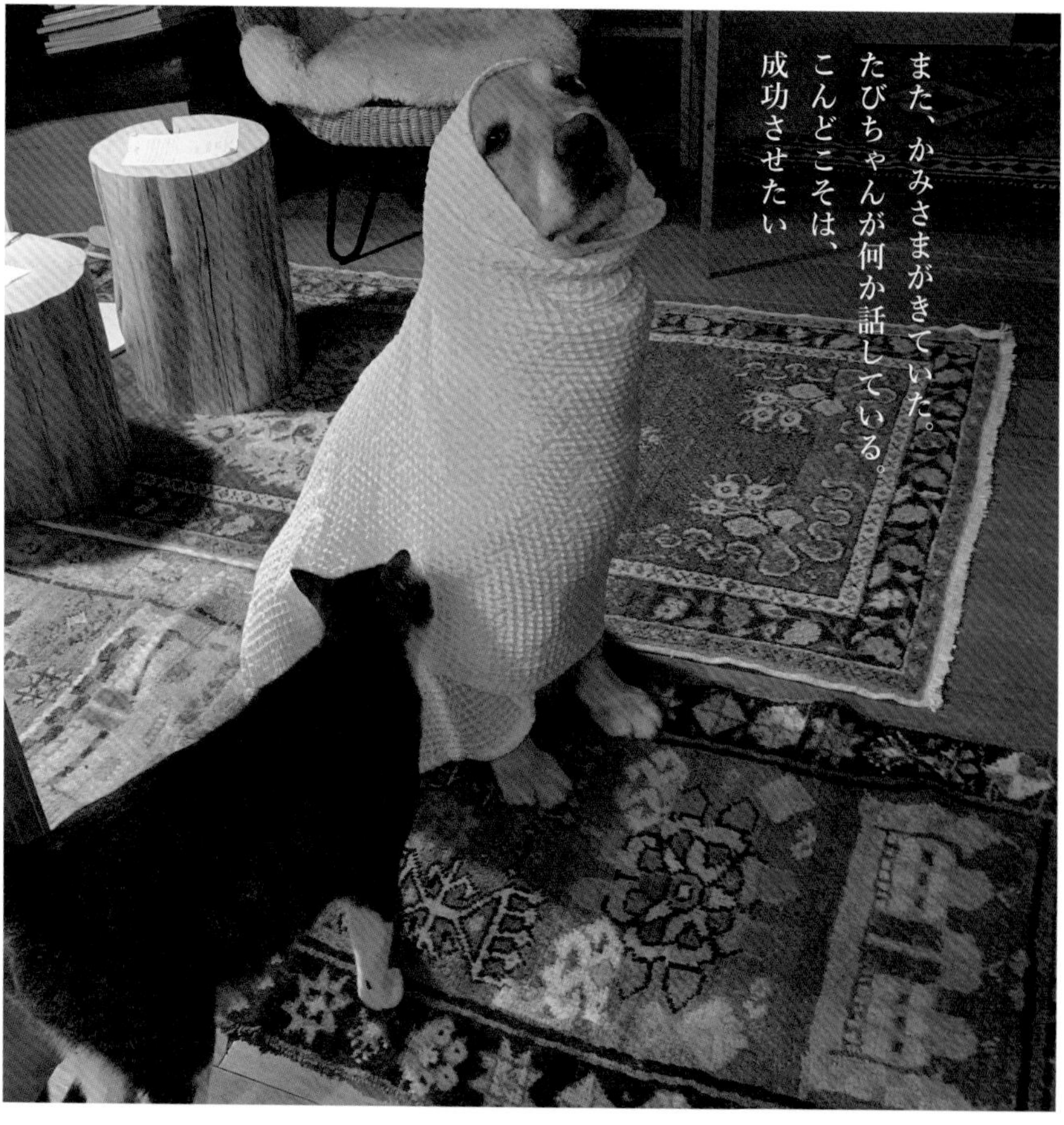
また、かみさまがきていた。
たびちゃんが何か話している。
こんどこそは、
成功させたい

2019/2/21 ハ

かみさまにぼくは、いった。
かみさま
ぼくは、おかーさんに
ごはんをもらっていません。
たびちゃんと、はちみつ兄弟は朝から、
ささみと猫缶と
ちゅーるをふたつずつ、もらってました。
ぼくはいいこにしてるのに、
水だけしかもらえなくて、
ゆきちゃんのおせわも、させられています。
ぼーるなげの相手、とかを、させられて
います。ちゅーるとささみと、ねこかん
があれば
すこしげんきがでるので
こっそり、たたみのへやに
置いといてください

はにぼう、きみはなぜ
ごはんをもらえてないのかな
きっと、
ふだん食べ過ぎてるから
いちょうをやすませてるんだね。
ぬるまゆをあげよう。

2019 spring

赤ちゃんの頃のタビ。　撮影:田島照久

2019/3/2 ユ

ベランダだいすきな
はちみつ兄弟
みっつ、飛んでます…。

2019/3/2 ユ

べらんだあそびが止まらない
はちみつ兄弟。

おかーさんがそうじきをかけています。
最初はこわくなかったけど
だんだん怖くなったので
いそいではちみつ山に
なっているところです。
おかーさんがいうには
うちは、けだらけのひとたちが
たくさんいるから
そうじきをしろくじちゅう
かけなくてはいけないそうです。
ぼくは
けだらけでいいとおもうので
そうじきにははんたいです。
お布団だって
けだらけなんですから。
ここも、もうすぐおかーさんがきて、コロコロするやつで
毛を取られてしまいます。
どうかと思います

2019/3/9 ハ

ねこが
ひしめきあうのを
間近でみたことがありますか。
ぼくのまわりでは、まいにち
ねこがひしめきあっています。
とてもたいどが
おおきいので
だれかちゅういしてほしいです

2019/3/14 ハ

おてんきのいいひ、
おかーさんは
ベランダで、たくさん布を干している。
はっちとみっつは、
べらんだにでて、
プロレスしたりひなたぼっこしたりしています。
ぼくは、
からすがこわいし、
ようすをみてから、少し出たり入ったり
しています。
たびちゃんは、だいたいベランダで
はちみつ兄弟をみてます。
ゆきちゃんはおうちのなかで、
寝てることがおおいです。
うたのれんしゅうをしなければならないし、
ぼくもいそがしいんです

2019/3/22 ユ

はちみつたちの家。
ベランダが大好きなので
ベランダで暮らしてもらいます。
嘘です。

2019/3/24 みつ

きのうはとっても寒かったから
べらんだには
出してもらえなかった。
べらんだのドアのまえで、
泣いても
出してもらえなかった。
さむいのなんか
へのかっぱなのに。
おかーさんがわるいと思った。

2019/3/26 ハ

すてきなよこがお
すてきなタオル
そして
すてきなぼく。
こわがりでも、
ひとみしりでも
ぼくはすてきだ。
こころのなかで
ささみの歌をうたっています

2019/4/5 はち

たびちゃんに
高いところにのぼるやりかたを
おそわりました。
しゅうちゅうして、
いっきにかっこよく登り
おりるときは
じわじわ、
おかーさんの大事なものを
ふまないように
すきまをみつけて、
集中しておりるそうです。
たびちゃんは、
ほんとうにかっこいい。

2019/4/7 ハ

おかーさんが
がくぶち、を買ってきた。
さぁ
この額縁の中には
かわいい子のお顔を
いれよう、
かわいい子はどこかな、と
言った。
ぼくは
おもいきり
かわいい顔をした

2019/4/14 ユ

ゆりごろう王国。

王国のルール

1. 朝起きたら はちみつ兄弟をベランダに出す

2. 雪もベランダに出す

3. ハニオをはちみつ山から出す

4. たびをはちみつ兄弟の監視役としてベランダに出す

5. ゆりごろうは、何は無くとも、
王国のみなさんの食事を用意する

6. はちみつ兄弟を部屋に入れて昼寝をさせる

7. 家の中は
半分外である、という意識をもつ

8. 王国のみなさんと一緒に
住まわせてもらっているという意識で生きる。

2019/4/14 ハ

みみよりな情報を
こみみにはさんだ。
おきゃくさまが
くるらしい
おかーさんが
ばたばたしている
ちいさいこもくるらしい
はちみつ山になろうか
ならないか
ぼくにだってわからない。
こころのなかで
あいさつするつもりだけど
もしかしたら
ちゃんとあいさつできるかもしれないけど

2019/4/17 ハ

このまえきた、ちいさいこ。
絵が上手なおんなのこ。
ぼくははちみつ山だったのに
描いてくれた絵には
ぼくも描かれていた。
やさしいとおもった。
出て行かなくてごめんね
ソフィアちゃん。
ぼくもつよくなる。
こんどは
Hello って
いえるようにがんばる

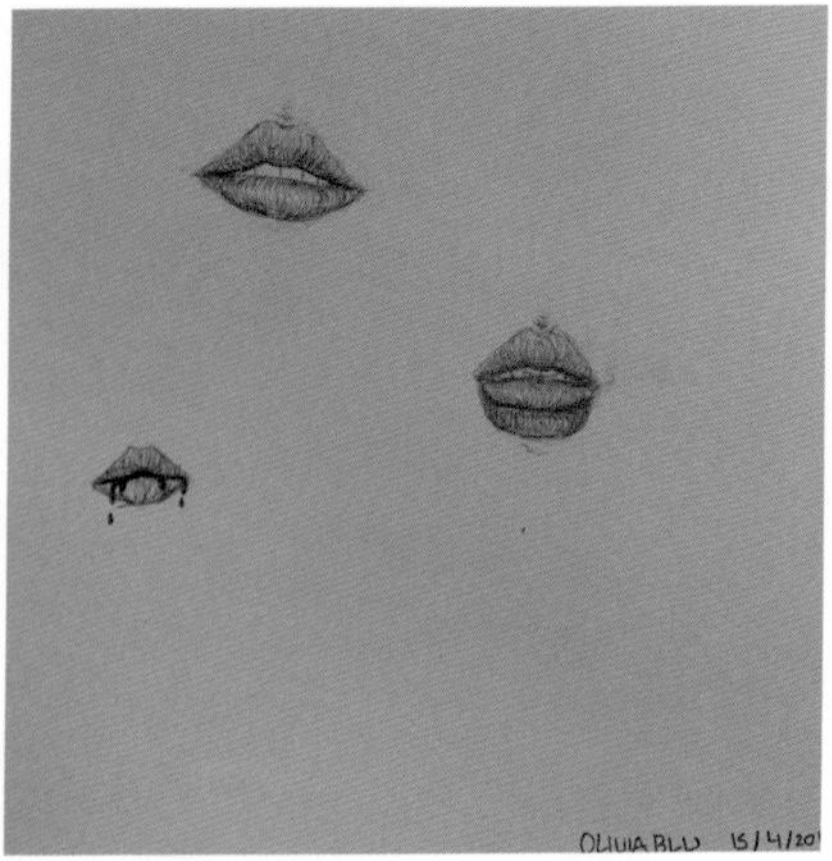

オリビアは16歳
ソフィアは11歳
とても仲良しの姉妹です。
お母さんはmattaのデザイナーの
クリスティーナさん
3人でうちに遊びに来てくれて、雪や猫たちと
たくさん遊んでくれて、絵も描いてくれて。
オリビアは、わたしに
唇の絵を描いてくれました。
…なんだかとっても
アーティスティック。
素敵です
雪はたくさん遊んでもらえて
ほんとに嬉しそうだったな。
またきてね。
待ってるよ。

2019/4/19 ユ

ハニオと雪。
なぜかあまり
ベランダに出ないふたり。
はちみつ兄弟とタビが
走り回るのを
眺めている姿です。
なぜ出ない！！

2019/4/19 ハ

ベランダにでる
という気持ちと
出ない
というきもちが
この、さっし のところで
ぶつかって
おいしいおやつになればいいのに。
でてもいいけど
でない
でなくてもいいけど
でる
どちらもおなじ。
ぼくは自由

2019/4/21 ハ

ぼくはみている。
おかーさんが
ぐーすか寝てるのを。
さりげなくみている。
そして
起きたな、と思ったら
ぼくは
たまたまここにいたんですよ
というふんいきで
あくびをしたり
そとの景色や
鳥をみている

2019/4/29 ハ

ごーるでんうぃーく
というのが始まったらしいけど、
うちではなんのイベントもなくて
普通の感じです。
ゴールデンに
かがやいていません。
おやつも少ないし、
はちみつ兄弟は
いばりちらしているし
たびちゃんには
くびねっこを噛まれました。
ゴールデンなひびというより
おうどいろの
ひびです

2019/5/2 ハ

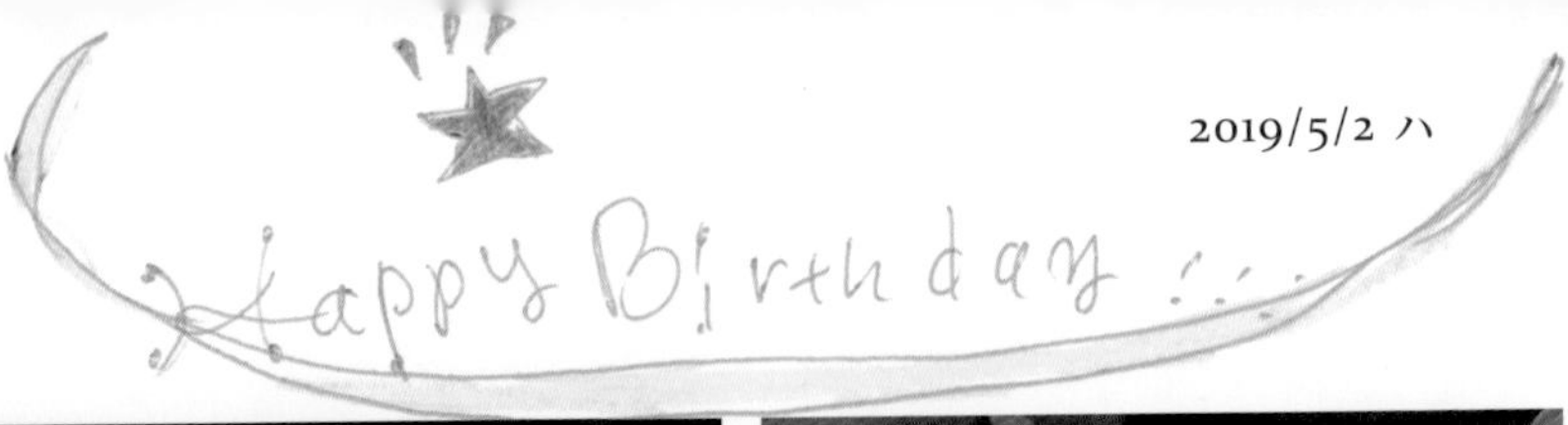

さんさい、になりました。
さん歳になったからって
なにも変わりません。
変わったことといえば
はちみつ山から
すべりおちて、
はちみつ谷、というのをみつけました。
山にいないときは
谷にいます。
お布団のすそにくるまってるのでたいてい見えないです。
この谷でゆっくりするのが
3歳のぼくです。
驚いたことに
たびちゃんも3歳になりました。
2枚目は
風邪をひいてタオルにくるまっていた2歳のぼく

2019/5/2 ユ

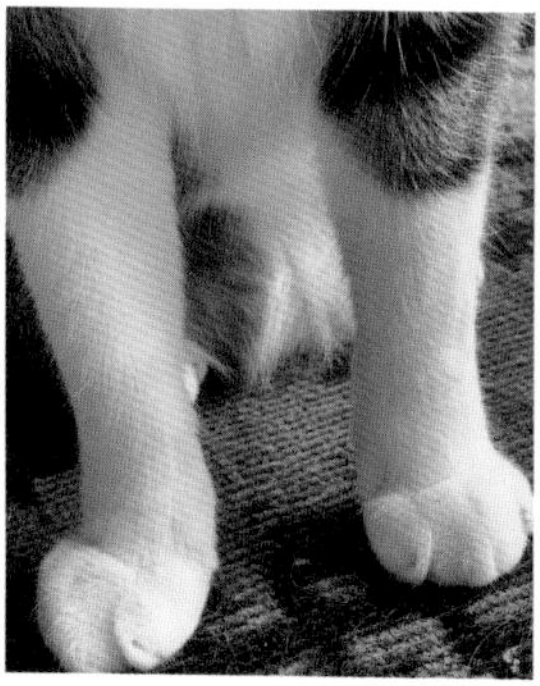

人見知りもしなくて
優しくて
おっとりくんのタビ。
人見知りもしない代わりに
特定の人にべったりすることもないタビ。
みんなに平等。
いつも変わらず
信頼と安定と実績の
タビ。
3歳おめでとう。
あなたの白い足と
白い胸は
神々しいほどすてき。

きょうは、
おきゃくさまがきて、
おかーさんと
いろんな打ち合わせをしていた。
ぼくは
こころのなかであいさつをした。
こんにちは
ぼくハニオです。
はちみつ谷を発見した
ハニオです。
でていってもいいかなと
ほんとは思っていたけど
はちみつ谷で
ゆっくりしていた

2019/5/5 ユ

おはようございます。
手前から

本日、1歳になったひと
先日3歳になったひと
そして
夏に5歳になるひと。
安定のフォーメーションです。

2019/5/6 ユ

見るたびに
なんだか笑ってしまう写真。
はちみつ兄弟が
うちに来た頃
ハニオはこうやって
ボールを彼らに取られないようにしてい
ました。
自分もまだまだ甘えたいのに
急にお兄さんにさせられて
心中複雑だったんだろうな。

その点
タビの父性本能（母性？）は
すごくて
最初からお母さん役を
かって出た感じ。
なにはともあれ
ハニオとタビは
とても優しいんです。
ありがとうね。
いつも。

2019/5/15 ハ

たなのなかに
ぼくに似たこがいる
助け出さなくてはいけないと
おもいはじめました

2019/5/15 ハ

ブースカと
てをくんで、
あのこを助け出す作戦だけど
ぶーすかが
かっこいいおやつがなかったら
やりたくないと言った

ぶーすかに聞いた。
きょう、
おかーさんが
てれびにでる。
生放送といっている。
いまからテレビの前で、
まっていよう、と
ぶーすかは言う。
ぼくはまだ早いと思う

留守番カメラが捉えた映像。
そういえば
いつぞやの
靴の山
犯人はいまだ、捕まっていない。
容疑者TとH、怪しい。
犯行を休んでいるのも
きっと作戦…。

今日も暑い
ベランダで散々遊んだあと、
やはり
部屋に戻ってきた
はちみつ兄弟
むちむち、まるまる。

2019/5/30 ハ

おかーさんが
ソファで朝まで寝た。
なんども起こしたのに
おきなくて
ぐーすかねていた。
おふとんは
きいろい布一枚だけ
かわいそうなので
ぼくとゆきちゃんが
いっしょに寝てあげた

2019 summer

きのうのよるは、
かわいいかおの練習に
いそしんだ。
かわいいこはどこかな？と
おかーさんがいうと
かわいいかおをする
れんしゅうだ。
ポイントは
首のかくどと、
うしろあしのふんいき

2019/6/6 ユ

すてきな服に出会ってしまい
買うべきか
我慢すべきか
迷う午後です。
人間はなぜ
こんなに着る物があるのに、
こんなにも服が欲しいのか。
うーん
うーん
物欲と戦っていたら
目の前に
ぱんつもはいてないこのかたが
ねそべっていて
じっと、私をみていた。

2019/6/9 ハ

かっこいいおやつもない
すてきなおもちゃもない
おかーさんはダラダラしてる
こんな暮らしは
どうかとおもう。
かみさまがきたので、
相談したい

2019/6/15 ハ

おかーさんが
階段を
あがったり
さがったりして
ばたばたしている。
なにかがはじまる予感。
なにか、来る予感。
おかーさんは
いつもこうだ。
なんとなく
とっぴょうしもない。
そういう性格だ

2019/6/15 ハ

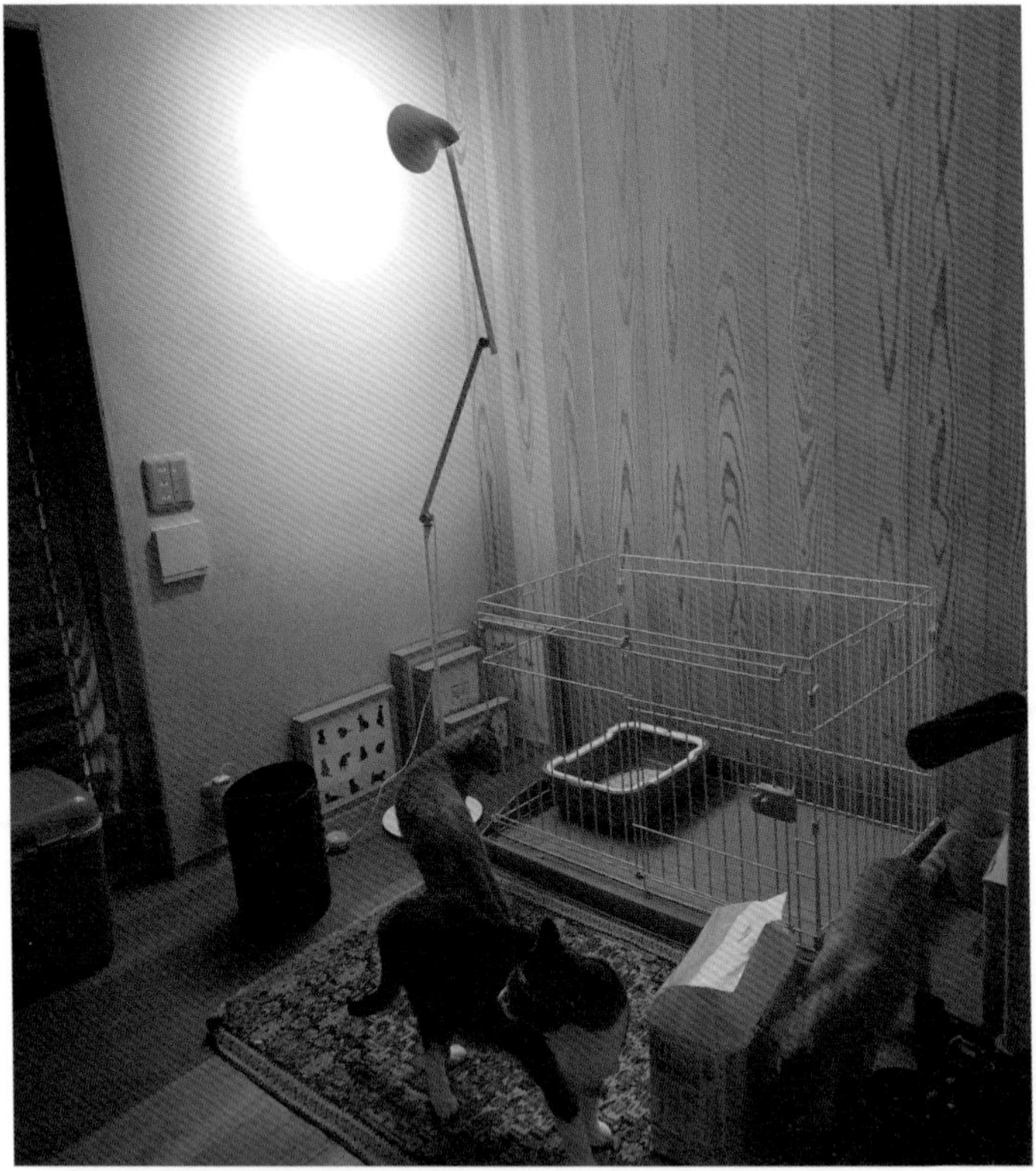

ふだんつかってない
へやを
ばたばた片付けて
なにか組み立ててる。
みんなざわざわしている。
ぼくはすこし
わくわくした。
たびちゃんは
眉をひそめている

ぐるぐるいいながら
うちにきたのは、
ちいさいこ。
ほんとうに
ちいさい。
おかーさんは言った

みんな、みまもってあげてね。
ぐあいがよくなるまで
うちであずかりますよ。

2019/6/15 ユ

手のひらにすっぽり収まるほどの
ちいさな仔猫を
一時的に、お世話させていただく
ことになりました。
動物病院にて保護されていたのですが
あまりの小ささに驚き、
真菌と風邪の治療中ということで
他の猫たちとも隔離されていて…
ほとんど発作的に
うちで、なおるまで面倒みますと
申し出てしまいました。
真菌は厄介ですが
お薬で治ります。
でもやはり
一ヶ月弱は
完治までかかるそうです。

その短くはない期間、
すこしでもゆっくり安心して
目をかけてあげられたらなと
そんなお節介な気持ちから、で
ございます。
隔離できる部屋があることと、
私にすこし時間があることが
決め手でした。

それにしても
ほんとうに小さい。
200グラムくらいしかない感じです。
こんなちいさな子が
いわゆるペットショップで売られるための
オークションに出されていたことに驚き
悲しくなります。
私が見る限りまだ
キトンブルーの瞳。
乳歯も生え揃ってないし
生後一ヶ月とすこし
ではないかと。

そして驚くほど痩せています。
ゴロゴロと、喉を鳴らしてくれますが
ミルクもご飯も自分からは欲さず。
どちらも先ほどシリンジであげましたが
たくさんは飲まない。
しっかり様子を見て
お世話をしたいと思います。
おちびちゃん、
きょうはゆっくりおやすみ。
あ、
ちなみに、
マンチカンの男の子です。

2019/6/16 ユ

赤ちゃんねこ、
仮の名を
ばぶお、にしました。
ばぶばぶしてるので、まだ。
ばぶお
おおきくなるんだよ。
たのむよ、ばぶお。

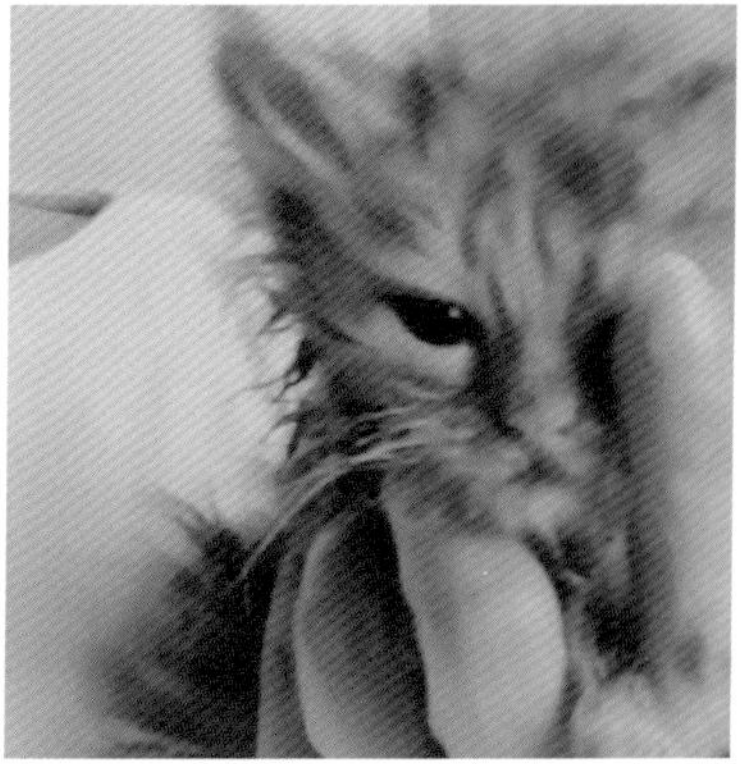

おはようございます
ゴロゴロいってます。
たびかーさんは
ばぶお部屋のそとで常に待機。
あけろあけろとガリガリ
ドアを引っ掻いております。
しかし
ばぶおは真菌の治療中。
うつるので
ざんねんながら
触れ合わせることはまだ
できないのです。
ばぶお、
がんばれ。
みんながついてるよ。
ご飯食べようね。

2019/6/16 ユ

ばぶお。
ほんとうに食が細くて
心配なのですが
少しずつ、自分から
食べたい、という意思を
私に伝えてくれます。
ばぶお、
安心しなさい。
大丈夫だよ。
おおきくなるんだよ。

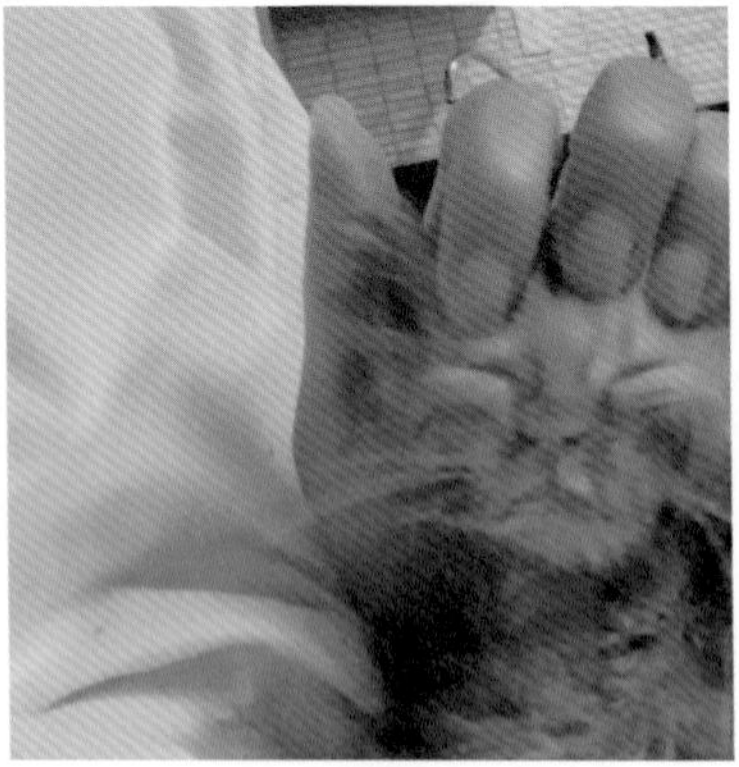

一階に
だれか来てるのをぼくは
しってる。
ちいさいこがきている。
おかーさんは
みるくとか
ちゅーるまで
あのこにあげている。
ぼくのちゅーるだけど
ぼくは許しています。
おにいさんだからです。
かっこいいところを見せています

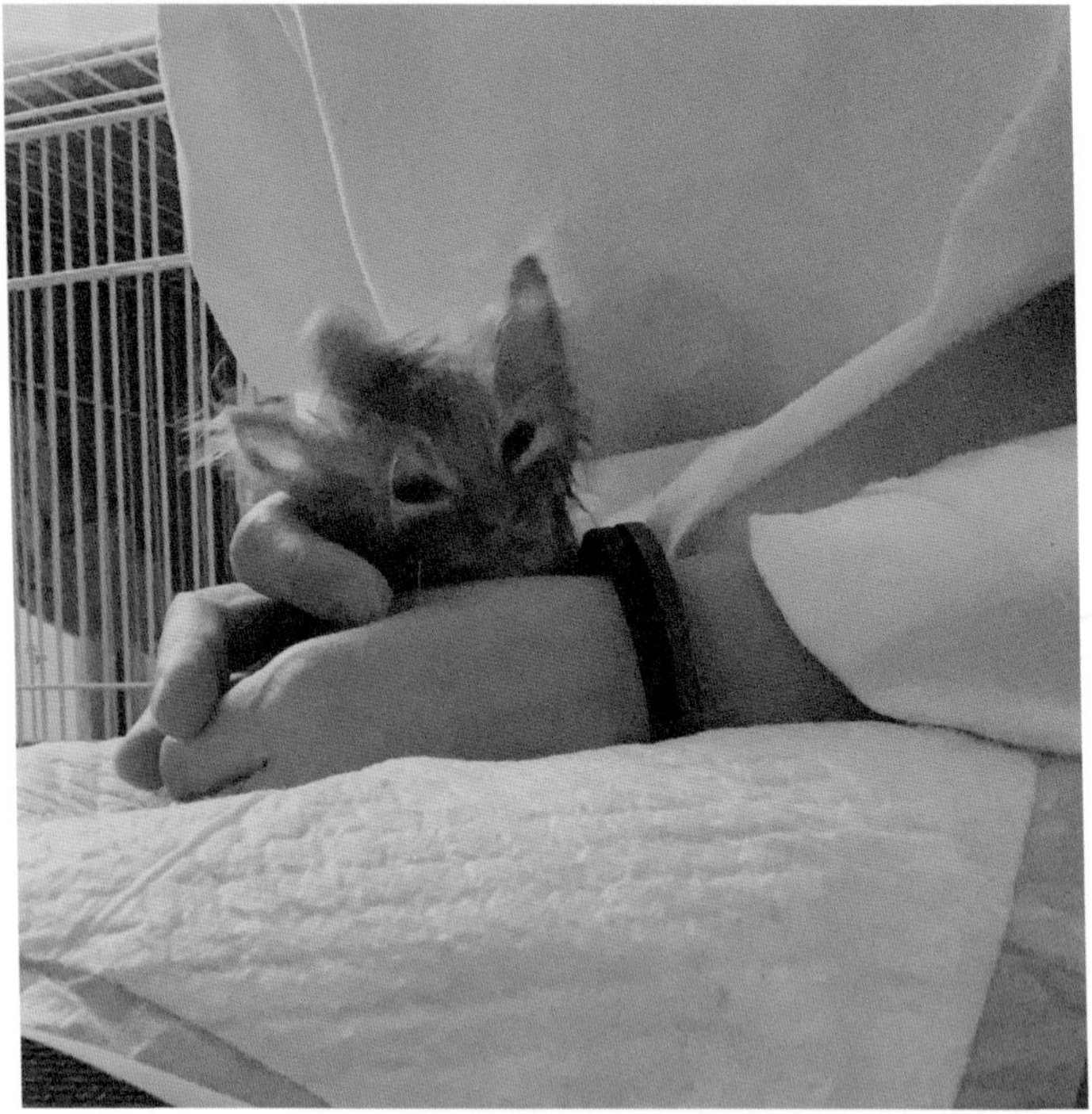

おはようございます。
今日も良いお天気。
ばぶおもいいうんちをして
ごきげんです。
しかし本当に小さい
きのうはちゅーるを
二本たべました。
ほかのものにはあまり
興味を示さず。

2019/6/17 ユ

ばぶお、
ハニオのちゅーるしか
興味ないもよう…
ミルクにも興味なし
美味しい美味しい特別な猫缶にも興味なし。
でも、
ハニオのちゅーるには
かぶりつく。
とにかく
じぶんから何かを食べるようになって
本当に嬉しい。
ひきつづき
消毒と投薬に
励む日々。

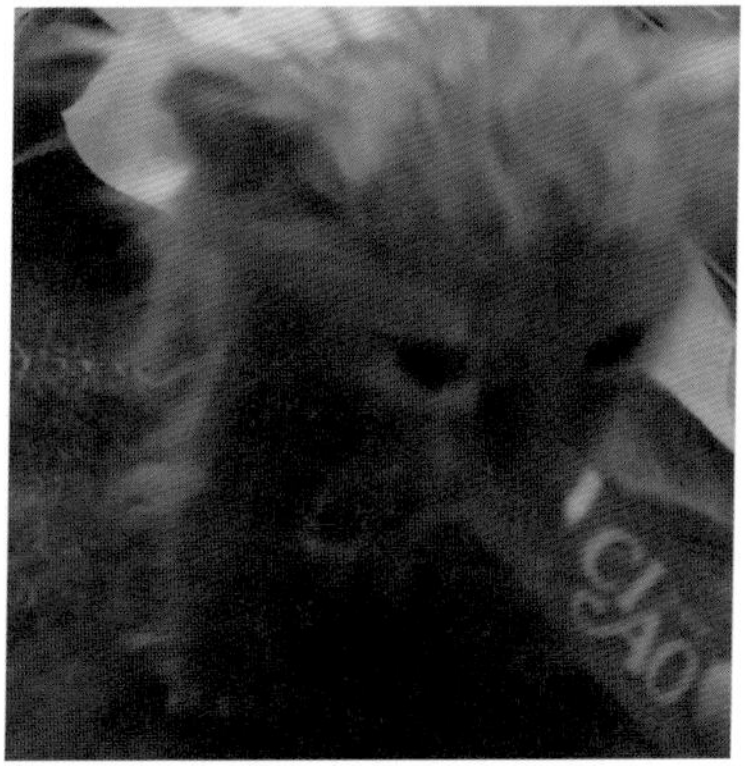

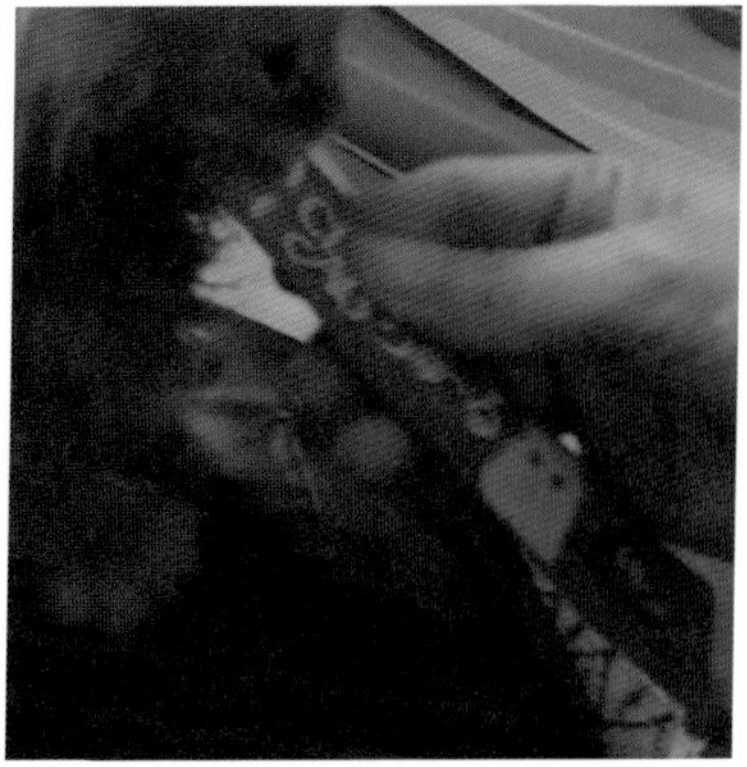

2019/6/17 ユ

神々しいばぶお。

2019/6/17 ユ

お月様のパワーなのか

ばぶおが
缶詰も食べてくれた。
嬉しい。
うれしい…
ばぶちゃん偉いよ。
たくさん食べて大きくなるんだよ。

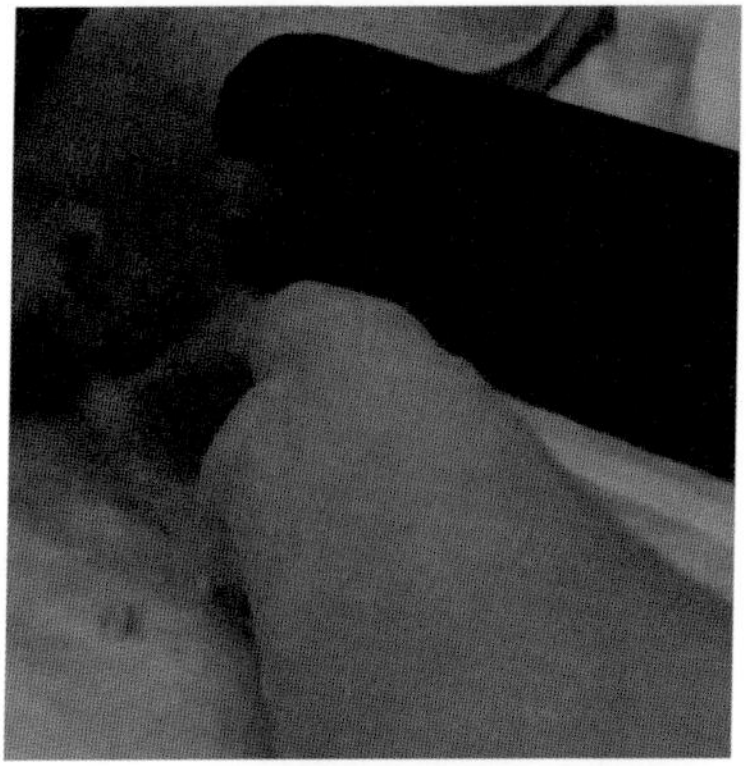
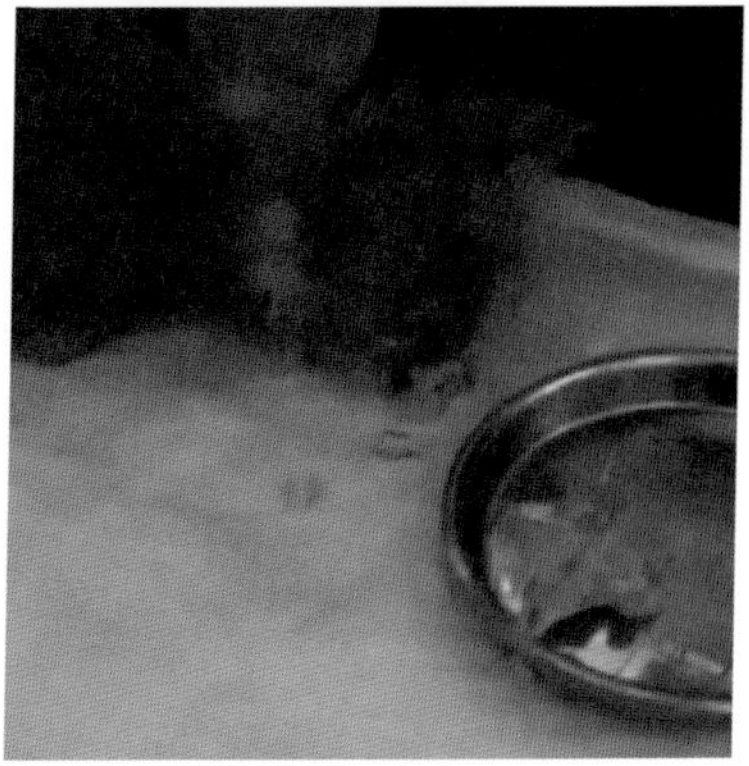

2019/6/18 ユ

おはよう
ばぶお。
今日も
たくさんごはんたべようね。
ばぶお、
表情がとても、おだやかに
安心した顔になってきました。
わたしの顔を見ると
ずっとゴロゴロ言ってくれます。
ガラガラ声もなおって、
ぴきー、という
子猫独特の声で
鳴いてます。

2019/6/20 ユ

とても悲しいお知らせをしなくてはいけません。
みなさんにたくさん
可愛がってもらって
心配してもらっていた
ばぶおが
19日の午前3時ごろ
天国に行ってしまいました。

ご飯も食べていたし
元気になっていたし…
なのに、
急激に
体調を崩していき、
その勢いを
なにをどうしても止められなかった。

悲しいお知らせで
ほんとうにごめんなさい。
ばぶおは最後まで
ほんとうに可愛かったです。
どんなに苦しくても
呼びかけると
ゴロゴロいってくれました。
あんなちいさな体で
最後まで
立派でした。
悲しくて
悲しくて
ほんとうに、
つらいです。

2019/6/20 ユ

元気だった時のばぶお。
いつもこんな顔で笑ってました。
わたしの顔を見ると
どんなときでも
ゴロゴロと喉を鳴らしてくれました。
出生届がほんとうなら
最後二ヶ月で240グラムしか
なかったばぶお。
あまりにも小さすぎるその体は
やはり
とてもとても、
たくさんの問題をかかえていたようでした。
幼すぎる命を
見送るほど
つらいことはありません。

今はただ、
またすぐ生まれ変わって
うちにきてねと
天国のばぶおに
話しかけています。

2019/6/20 ユ

ばぶおの棺に
手紙を入れた。
猪熊弦一郎さんの
大好きなポストカード。
頭の上に
ばぶおを描いて
雪を加えて
四匹の猫たちに色を塗った。
ばぶお。
みんな待ってるからね。
少し休んで
帰っておいで。

2019/6/20 ユ

昨日の夜は
ばぶおのお通夜を
中庭でしました。
空と風とお月様。
命は儚いけど
ばぶおは、ばぶおの
一生を
精一杯生きた。
かっこいいよ、
すごいよと
いろんなことを
話しました。

2019/6/22 ハ

わたしのー
べっどのーうえにー
のらないでください~
そこに~
わたしは、いません~
はちみつ谷に落ちてます~
とくに、そこの
おおきいひと~
大きくて重いひと~
あなたが~~のったとたんに~
わたしは谷におちるのよ~

2019/6/23 ハ

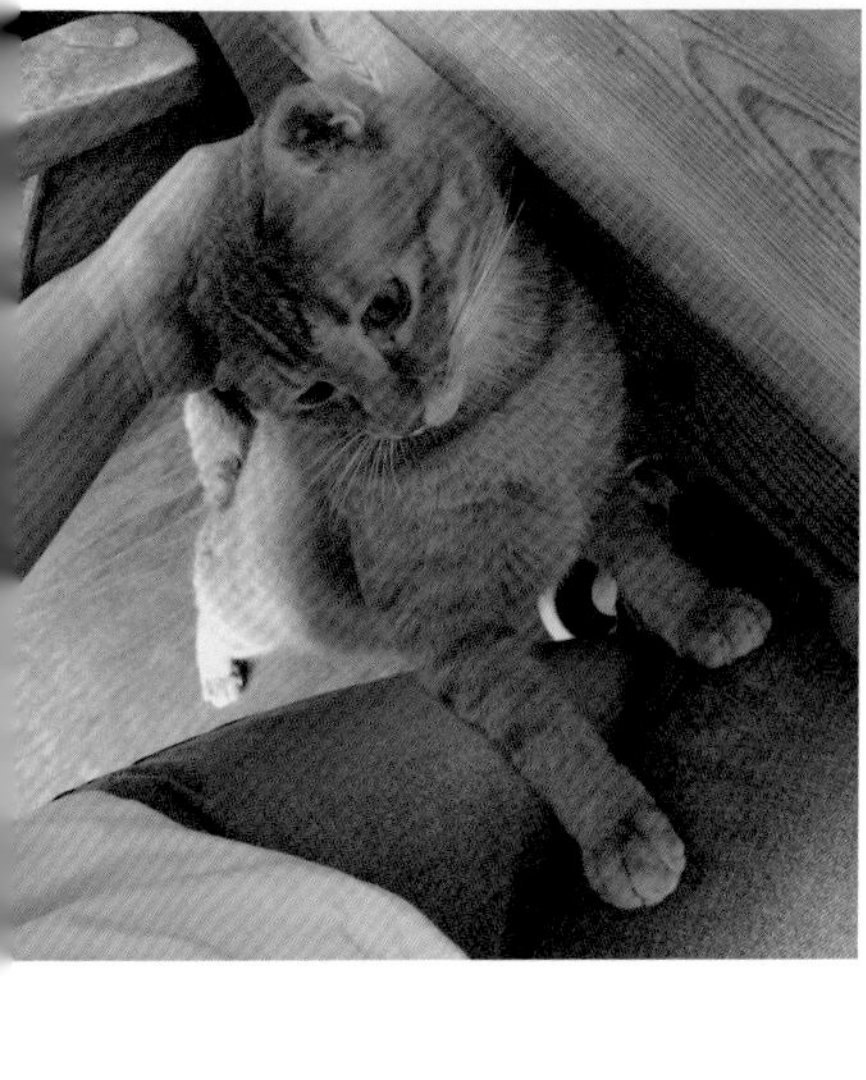

あぴーる。
おかーさんがぼくのことを
忘れてる気がするとき
ぼくはこうやって
あぴーるする。
あぴーるって、
たいせつなのよ

雪のこの嬉しそうな顔をご覧ください
オカベマキコさんのつくる
「しゃぼんランプ」
やっとやっと我が家にやってきました！
ひとつひとつ手吹きされた
ガラス玉を繊細に組み合わせた灯りです。
「灯具は空間の装身具」と
オカベマキコさんがおっしゃるように
灯りをともさなくても
吊るしてあるさまもすてきで
灯りがついているときと
ついていないとき
どちらもうっとり。
雪は
ボールがたくさんついてるので
大喜び!!

きょうのあさ
ぼくはまた
はちみつ谷に落ちていた。
ゆきちゃんが
べっどにのったからです。
のっただけではなく
お魚みたいにうごいたので
ぼくは
頑張ったけど
谷に落ちました
そのあと
地震がきて
みんながてんでばらばらに
うごきだしました。

ゆきちゃんは
おかーさんのあとをついて
リビングに行きました。
はちみつきょうだいも
一気にどきました。
そんなわけでぼくは
はちみつ山にもどっています。
じしん、
みなさん、
きをつけてこうどう
しましょう
歩きやすいお靴で
でかけてください

2019/6/27 ユ

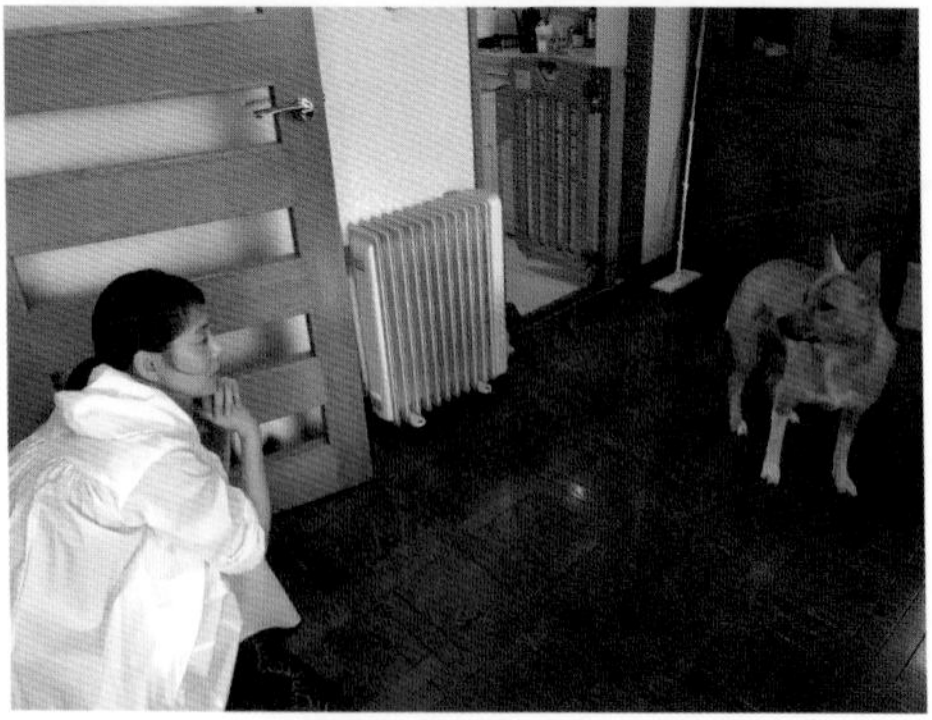

こば編さんのお見舞いに
行った。
元気そうで何より。
いや、むしろなんだか
ますます
少年のようになった
小林さん。
福ちゃんにも久しぶりに
会った。
かわいいな、ふくちゃん。
怖くないよ。
ゆきちゃんのおかーさんだよ

2019/6/30 ユ

雨の日曜日。

ばぶおが
天国に行って
11日目の朝。
この写真は亡くなる前日の夜。
ストロベリームーンの日。
ご飯をたくさん食べて
ご機嫌で眠る前。
いつもこんなふうに
にこにこした顔をして
わたしを見つめていたばぶお。
ばぶちゃん
いまどこにいますか。
かえってきてね。
待ってるよ。

2019/7/1 ハ

お天気はじめじめしている。
じめじめしてるけど
はちみつ兄弟は
ベランダにでている。
足を拭いておうちに入ってほしいけど
なんか
適当な感じです。
タオルをふんでから
おうちにはいってほしいと
思っています。
うしろのひまわりは
ばぶちゃんです。
ばぶちゃんは
すこしだけ
お出かけしてから
かえってくると
言っていました。

ビスク先輩のおうちにいくそうです。
かえってきたら、
ぼくのおやつを
あげてもいいと
心の中でおもっています

梅雨の晴れ間に。
小夏とパクチーと
エジプト塩とナッツの
サラダ
オリーブオイルも少し。
あぁなんていい香り。
あぁ幸せ。
白身のお魚のお刺身や
オニオンスライスも
合いそうだなぁ。
小夏
美味しく大事にいただいています。

2019/7/5 ハ

おかーさんは
ばたばたしている。
ばたばたとぼくを撫で回して
はにぼう
今日もかっこいいよと
言ったけど
心がないのを
かんじています。
こころがあるなら
ぼくをクシでごしごし
しながら
ごはんをたべさせながら
はにぼう最高だね
かっこいいね
と
いい続けて欲しいと思っています。
ごまかそうとしても
ぼくにはわかる

2019/7/7 ユ

あるおとこ。

あるおとこ、
はにお・いしだは
おんなに
いかないで
と
呼び止められても
おとこらしく
かっこいいおやつを探しに
隣の部屋にでかけた。
あるおとこ、
はにお・いしだの
物語

いえ、ちがいます。
ちょっとどいてほしいんです。
はに坊。

2019/7/7 ユ

黒田泰蔵さんの
白磁に
ずっとずっと惹かれていました。
今日は
踊り子号に乗り
伊豆にある
黒田さんのアトリエに
行く機会に恵まれました。
どこもかしこも
静かであたたかで
美しく
なんだか泣けてきそうなほど
優しい素晴らしいところでした。

黒田泰蔵さんから直接
いろんなお話を聞けて
ほんとうに幸せでした。
今日の思い出を
わたしは時々
大事に思い返しては
美しさ
という言葉の
本当の意味を
知ることになるのでしょう。

2019/7/8 ユ

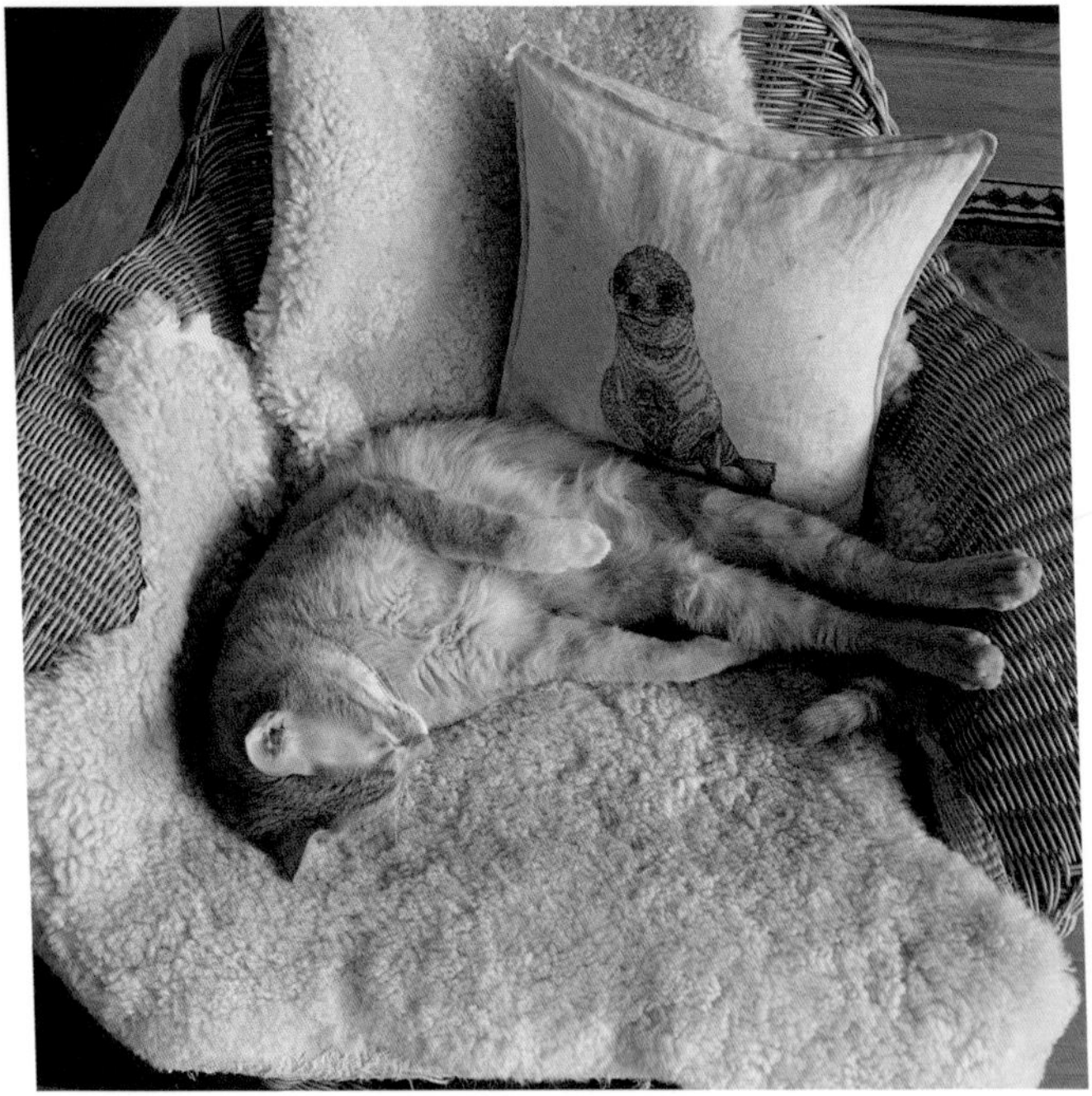

真夏だってムートンの上。
それでこそ
はにお・いしだ。
エビフライに擬態しながら
おやすみちゅうの
はにお・いしだ。

番外編
エビフライはにお・いしだを
じっと見守る
たび・いしだ。

2019/7/9 ユ

おはようございます。
ばぶちゃんを思い出す。

2019/7/9 ユ

ゆりごろう
それは突然
ゆりごろう
それは後ろから
ゆりごろう
いきなり抱きしめる
あなたが猫なら要注意
いつでもどこでも
どんな子も
そう
それがゆりごろう。

石井佳苗さんのお宅にて。ポポちゃんと

Chizu Kobayashi さんの個展にて

待ち合わせしてないのに
会った人。
京都から直行してきた
板谷由夏氏。

2019/7/14 ハ

あめがふっていて
おうちの中は
じめじめしている。
おかーさんは
フランス語のれっすんをしている。
ぼんじゅーる、
とか
ぼんそわーるとか
じゅまぺーる
とかいうときに
ぼくもこころの中で
いっしょに言っている。
じゅまぺーるはにお。
ぼんぼんぼんじゅーる

2019/7/16 ユ

撮影の終わりに
美しいお花を
いただきました。
ばぶちゃんに似た
ゴッホのひまわり。
ひまわりを見ると
切ないけど優しい気持ちになります。
ばぶちゃん。
そろそろ帰ってきたらどうですか。
そちらはどうですか。

2019/7/17 ユ

妖怪ゆりごろう
参上。
いつでもどこでも
現れる
あなたが猫なら
要注意
ゆりごろう
このあと
噛まれました。
ぶっちー
そんなの痛くないもんね。

スタイリスト岡部美穂さん宅のブチコ

2019/7/25 ハ

ぼくは、あきれている。
おかーさんがまた
ソファでねている。
きのうのよるおかーさんは
ここで本をよんでいた。
ぼくは、その後
ベッドにいくとおもったので
先にベッドにいっていた。
なのに
おかーさんはあさまで
ぴいぴい寝てしまったのだ。
ぴあすもしたままだし、
ぴったりしたずぼんも
はいたままだ。
おきて――
おーきーて――
!!!!

おかーさんはまだ
起きない。
ぼくは、
おかーさんが
こんごここで寝ないように
注意している。
たびちゃんは
なんとも思ってないようだ。
たびちゃんとは、
価値観のちがいを
かんじています

2019/7/31 ハ

あつい〜〜あつい〜
といいながら
おかーさんが帰ってきた。
はにぼう、はにぼうと
ぼくを探している。
ぼくは
クーラーで冷えたので
はちみつ山になっている。
あつあつのおでこ
みっちみちの耳
ぴんくいろの鼻先
それを楽しんでいたのに
おかーさんが
またはちみつ山を勝手に
めくった。
はにぼうといっしょにお昼寝しようかなと
言っている。
おかーさんは
わりと、夏によわい

ばぶちゃんに
おそなえされたおみずは
まいにち
ぼくが飲んでいます。
このことは誰も知りません。
しずかなふんいきで
よなかに
飲んでるからです

2019/8/24 はち

はっちです。
1さいです。
来年の5月でにさい、
さらいねんはさんさいです。
おかーさんはさいきん
まいにち、かめらの前に
たっていて、
ちょっとじぶんをみうしなってるそうです。
ぼくは
自分をみうしなったことは
ありません。

田中健太郎さん作の掛時計

みっつです。
あしをのばして
あるまじろスタイルです。
なつやすみも終わりにちかい。
がっかりですが
こころのなかは
いつだって
なつやすみ。

2019/8/31 ユ

ちゅーるさぎを
はたらいたまま
しごとにいきましたら
なんだかとっても
わたしの心が狭くて
なんだか反省ばかり。
しかし同時に
自分にとっての
ここちよさとはなにか、を
改めて知った気がしました。
でもなんだか
今日という1日は
内省の日でした。
こんな日もあります…。

2019/9/9 ユ

みなさま
台風一過
ご無事でしょうか
ほんとうにすごい雨風でした。
自然の脅威を前にして
人間はなんてちっぽけなのかと
思いつつ…
しかし
うちには
全く台風に気がつかなかったひとたち
もいるのです。
写真のお二人です。
とても平和です。

2019 autumn

2019/9/10 ユ

ばぶちゃんに寄り添う
みっつ。
ばぶちゃん、みっつだよ。

2019/9/10 ユ

きのうの夕焼け。
台風一過の空は
こんなに美しい。
しかし
日中はあまりにも暑い。
この暑さの中
停電がつづいている地域のみなさま
どんなにか大変かと…
一刻も早く復旧しますように。

ばぶおへ。

ばぶちゃん、どうしていますか。
元気ですか。
ねえばぶちゃん
きみはあんなに小さくて
でもとってもも優しくて
本当にいい子だったよ
最後の最後までゴロゴロ言ってくれて
でも、どうしても
旅立っていくきみをこの世界に留めることができなくて
私は自分の無力さを感じるしかなかった。

きみがあの状態で、ペットショップで売られるためのオークションに
出てたことが

私には辛くて辛くて
だけど、動物病院の先生が、きみを保護してくれて
小さなブースに入れられてたきみと、目があった。
あの時小さなこえで私を呼んでくれて
私を見て喜んでくれて
本当にありがとう。
きみはなんだか小さな神様みたいだった。
小さすぎて軽すぎて
毛もパヤパヤで
ポツンと一人で。
私はどうしてもきみをそのままそこに置いておくことができなかった。

なんとかして助けてあげたかった。
なんとかしてもっと太らせたかった。

自分ならきみをなんとか、幸せにしてあげられると
意味もなく信じていたけど
必死に毎日頑張ったけど
ストロベリームーンの日の翌日
きみは何かに引っ張られるように体調を崩していって
その勢いを何をどうしても止めることが出来なかった。
ほとんど動かなくなったきみに
話しかけると
辛いだろうに
苦しいだろうに
いつでもゴロゴロと喉を鳴らしてくれた。

あの時のことが忘れられない。
本当に優しくて
きみは小さな神様みたいだった。

小さな命が空にかえっていくことほど
辛いことはない。
でもねばぶお
待ってるからね。
ずっと
待ってるから
戻っておいで。
丈夫な体を持って
戻っておいで
みんなで待ってるから。
本当に待ってるから。
じゃあねそれまでの間
少しだけさよなら

お母さんより。

石田ゆり子
1969年10月3日生まれ。東京出身。女優。
デザイン　黒田益朗（kuroda design）
マネジメント　高間淑子（風鈴舎）
ハニオ日記 II　2018-2019

発行日　2021年5月31日　初版第1刷発行
　　　　2021年6月1日　　　第2刷発行

著　者　石田ゆり子
発行者　久保田榮一
発行所　株式会社扶桑社
〒105-8070　東京都港区芝浦1-1-1浜松町ビルディング
電話　03-6368-8873（編集部）　03-6368-8891（郵便室）
www.fusosha.co.jp

製本・印刷　図書印刷株式会社

Printed in Japan　ISBN978-4-594-08789-0